高校日语教学中跨文化交际能力培养研究

苏伦高娃 著

中国书籍出版社
China Book Press

图书在版编目（CIP）数据

高校日语教学中跨文化交际能力培养研究 / 苏伦高娃著 . -- 北京 : 中国书籍出版社 , 2023.6

ISBN 978-7-5068-9435-7

Ⅰ . ①高… Ⅱ . ①苏… Ⅲ . ①日语—教学研究—高等学校 Ⅳ . ① H369.3

中国国家版本馆 CIP 数据核字 (2023) 第 097625 号

高校日语教学中跨文化交际能力培养研究

苏伦高娃　著

责任编辑	吴化强
装帧设计	李文文
责任印制	孙马飞　马　芝
出版发行	中国书籍出版社
地　　址	北京市丰台区三路居路 97 号（邮编：100073）
电　　话	（010）52257143（总编室）（010）52257140（发行部）
电子邮箱	eo@chinabp.com.cn
经　　销	全国新华书店
印　　刷	天津和萱印刷有限公司
开　　本	710 毫米 ×1000 毫米　1/16
字　　数	200 千字
印　　张	11.25
版　　次	2023 年 9 月第 1 版
印　　次	2023 年 9 月第 1 次印刷
书　　号	ISBN 978-7-5068-9435-7
定　　价	72.00 元

版权所有　翻印必究

前 言

在经济全球化进行得如火如荼的背景之下，中国广泛参与到国际经济文化往来的过程中，需要众多的外语人才，所以中国的高校日语教育也逐渐受到重视。并且，伴随着不断加强的国际商务往来，我国面临的跨文化交际问题日益突出，各国文化之间的差异逐渐引起人们的重视，亟需交际者拥有足够优秀的跨文化交际能力。所以，对于日语专业的高校学生来说，对于跨文化交际能力的培养显得十分重要。

在跨文化交际的过程中，不同地区的人们会因为生活习惯的不同、价值观念的差异等产生交际障碍，如果处理不当，就会引起交际双方的误解，导致交际不能顺利进行，甚至会引发冲突。那么，在外语教学中，如何提高学生的跨文化交际能力，让学生顺利实现与外国人的交流、培养具有跨文化交际意识的人才就显得尤为重要。跨文化交流的开展背景是两种（及以上）有本质区别和显著特征的文化，之所以要专门实施培训，主要是为了提升人们对他者文化的适应程度。在现阶段的高校日语教学中加入跨文化元素，能够使教学任务在更加充实、更加多样的教学场景中展开，让学生对日语的学习更有兴趣，并积极地投入其中。

本书主要内容为高校日语教学中跨文化交际能力的培养研究，共分为六章进行介绍。第一章主要内容为高校日语教学概述，共分为五节进行阐述，分别为高校日语基础知识，高校日语教学法的科学内涵及理论基础，高校日语教学内容、原则及评价，高校日语教学的目标体系及要求，高校日语课堂教学质量提升的途径；第二章主要内容涉及跨文化交际概述，通过三节内容对其进行叙述，分别为语言、文化与交际，跨文化交际基本知识，跨文化交际学；第三章主要介绍了高校日语教学与跨文化交际的融合，共分为四节进行阐述，分别为中日跨文化交际中语言的相互影响、跨文化视角下的日语交际规则、高校日语教学中的跨文化教育以及存在的问题、高校日语跨文化交际教学的理论分析；第四章的内容为跨文化交际视角下的高校日语教学策略，共分为四节进行介绍，分别为跨文化交际视角下高校日语口语教学、跨文化交际视角下高校日语阅读教学、跨文化交际视角下高校日语写作教学、跨文化交际视角下高校日语翻译教学；第五章主要阐述了高校日语教学中跨文化语用失误的防范，主要内容分为五节，分别为语用失误概述、跨文化语用失误的成因分析、高校日语教学与中介语语用失误、商务日语教学中学生语用能力的培养、教师语言的语用失误及解决策略；第六章主要对高校日语教学跨文化交际意识及能力培养进行了论述，共分为两节，分别为高校日语教学与跨文化交际意识的培养、高校日语教学与跨文化交际能力的培养。

在撰写本书的过程中，作者得到了许多专家学者的帮助和指导，参考了大量的学术文献，在此表示真诚的感谢。本书内容系统全面，论述条理清晰、深入浅出，但由于作者水平有限，书中难免会有疏漏之处，希望广大同行及时指正。

作者

2022 年 11 月

目　录

第一章　高校日语教学概述 ·· 1
　　第一节　日语基础知识 ··· 1
　　第二节　高校日语教学法的科学内涵及理论基础 ·························· 7
　　第三节　高校日语教学内容、原则及评价 ····································· 14
　　第四节　高校日语教学的目标体系及要求 ····································· 30
　　第五节　高校日语课堂教学质量提升的途径 ·································· 33

第二章　跨文化交际概述 ·· 37
　　第一节　语言、文化与交际 ··· 37
　　第二节　跨文化交际基本知识 ·· 47
　　第三节　跨文化交际学 ··· 50

第三章　高校日语教学与跨文化交际的融合 ····································· 52
　　第一节　中日跨文化交际中语言的相互影响 ································· 52
　　第二节　跨文化视角下的日语交际规则 ·· 59
　　第三节　高校日语教学中的跨文化教育以及存在的问题 ················ 62
　　第四节　高校日语跨文化交际教学的理论分析 ······························ 77

第四章　跨文化交际视角下的高校日语教学策略 ····························· 95
　　第一节　跨文化交际视角下高校日语口语教学 ······························ 95

第二节　跨文化交际视角下高校日语阅读教学 …………… 104
第三节　跨文化交际视角下高校日语写作教学 …………… 116
第四节　跨文化交际视角下高校日语翻译教学 …………… 129

第五章　高校日语教学中跨文化语用失误的防范 …………… 136
第一节　语用失误概述 ……………………………………… 136
第二节　跨文化语用失误的成因分析 ……………………… 138
第三节　高校日语教学与中介语语用失误 ………………… 140
第四节　商务日语教学中学生语用能力的培养 …………… 144
第五节　教师语言的语用失误及解决策略 ………………… 152

第六章　高校日语教学跨文化交际意识及能力培养 …………… 162
第一节　高校日语教学与跨文化交际意识的培养 ………… 162
第二节　高校日语教学与跨文化交际能力的培养 ………… 165

参考文献 ……………………………………………………………… 173

第一章 高校日语教学概述

本章主要内容为高校日语教学概述，共分为五节进行阐述，分别为高校日语基础知识、高校日语教学法的科学内涵及理论基础、高校日语教学内容、原则及评价、高校日语教学的目标体系及要求、高校日语课堂教学质量提升的途径。

第一节 日语基础知识

一、日语的特点

世界上有很多种语言，也存在很多复杂的语言分类系统。不过无论按照哪种分类方法，日语的分类都非常特殊。虽然看起来和汉语十分相似，但不管是在发音用词还是语法规则上，两者都存在本质区别。日语的词汇和语法有些接近马来波利尼西亚语言，在语句的语法上又和朝鲜语有相似之处。可以说，因为其特殊的语言属性，世界语言中真正与日语十分相近的极少。

关于日本语真正的起源，第一种学术界观点是：它来自类似土耳其语和蒙古语之类的阿尔泰语言（所以相当一部分学者认为日语可以算作阿尔泰语系）。因为日语的语法和结构与属于阿尔泰语系的其他语言大体相似，并且在发音上显现出明显的开音节语言特征，在词汇上包含许多和阿尔泰语系东支（高句丽、扶余）同源的词汇。然而，中古汉语语音对日语的影响又非常深刻。总而言之，日语来自许多古老民族语言的融汇和提炼，乃是世界语言中广泛吸收并同化外来语借词的代表性实例，大量容纳着来自于其他语言的借词。基于这一事实，学者们在试图借助同源词汇来研究和追溯日语和阿尔泰语之间的关系时，遇到了很多困难。

除"阿尔泰语系"说之外，还有第二种观点认为日语跟朝鲜语共属于一个新的语系。因日语的文法与朝鲜语的文法有相当的相似度，都是使用SOV序列，两者历史共同受过古汉语的影响。因此有学者认为日语跟朝鲜语是阿尔泰语系和汉藏语系混合的新语系。但是日语跟朝鲜语之间缺乏同源词也成了异议的学者们反驳该观点的力证。

第三种观点认为日语跟朝鲜语一样，和目前世界上已知的所有语系之间都不存在本质联系，应该被划为孤立语言，"同源词问题"乃是该观点的主要论据。

第四种观点认为日语跟琉球语可共同构成一个新的语系，即日本语系。因为这两种语言之间存在不可忽视的相似性，故此观点也得到了一部分学术界的认可，但认可度依然不算广泛。

第五种观点来自以西田龙雄为代表的一些日本学者，认为日语应当归属汉藏语系藏缅语族，因为其语序和词汇都与缅甸语相同，甚至在音韵上也有好些类似之处，因而主张日语应归属藏缅语族。但是持反对意见的人认为，日本与藏缅语民族地区之间路途遥远，中间还隔着操南岛语系和满—通古斯语族的民族地区，故这种观点没有得到广泛认可。除了上述五种观点以外，还有学者认为日语应当属于南岛语系。

虽然日语的语系语族划分问题一直是语言学界争论的焦点，然而在语法划分上，日语毫无疑问属于三大类别中的黏着语（另外两种是以汉语为代表的分析语或孤立语；以大部分欧洲主流语言为代表的屈折语），其主要特点如下。

首先，日语的词汇也有实词和虚词之分，即拥有明确的语义概念、能够单独充当句子成分，或者在句子成分中充当核心组成要素的词和没有独立语义概念、无法单独充当句子成分，只跟随实词来表达特定含义或发挥某种语法作用的词。

与很多语言不同（但显然与我们熟知的汉语和英语一样），日语的名词、数词和代词等都不区分性、数和格，不过，动词、形容词、形容动词和助动词同样有词尾的变化。另外，名词需要借助助词来表示其在句子中的成分。

之所以被称为"黏着语"，是因为日语所包含的所有单词在句中的机能，都是借助助词或者助动词的黏着来体现的。表示句子各个成分或添加含义的标志，不是借助专门的单词（如汉语）或改变格（如英语），而是靠在句子相应位置添加一个没有实际意义的"尾巴"，就像黏上去的一样。这是日语入门的难点之一，要想正确掌握和使用这门语言，首先应该熟悉其助词和助动词的具体用法。

日语的主语或主题通常也是出现在句首的，句子中部插入一些其他成分，句尾则是谓语。总的来说，日语语句的大致结构和汉语一样，也采用主语—宾语—谓语的常规语序，另外修饰语通常也放在被修饰语之前。

日语是高低型声调的语言。每个假名用声调的变化加以区分，各自代表一个音拍。

敬语是日语语法中极其重要的组成系统，与简体一同构成日语的两大语体，往下又可以细分为丁宁语、尊敬语和谦逊语三大类，有时还会再另分出郑重语和美化语两类敬语。敬语不仅由人的身份决定，还受到年龄、性别、职业、出生地、社会地位和所处场合等许多因素的左右。

具体来说，丁宁语是代表说话人礼貌、尊重听话对象的措辞，最突出的标志就是我们经常在日语语句的词尾听到的"です"（desu）和"ます"（masu）。通常情况下，日语使用者在和陌生人交流时采用这种敬语，电视节目主持人也习惯用丁宁语主持节目，不以日语为母语的初学者，先接触的通常都是丁宁语。

尊敬语是指话题提及的、施行行为的人拥有较高的社会阶级，比方说，谈及长辈、上司、师长、客户等，就应该使用尊敬语，而说话人谈及自身时则不用尊敬语。

谦逊语也叫谦让语，为了向接受行为的人展示尊敬的态度，说话人用谦虚乃至贬低的口吻来叙述话题中行为主体的动作。如果话语中的行为主体是说话人自己，也可用谦让语。

郑重语代表说话人尊敬听话人。说话人在描述自己的行为时，就可以使用郑重语，以谦逊的语气表达对听者的尊敬。通过贬低话题里行为主体的动作，体现对说话对象的谦卑。

二、日语的音读和训读

当今通用的标准日语中共有几万个汉字，不过常用的只有几千个。通常来说，每个汉字都对应两种读法，就是所谓的"音读"和"训读"。之所以有这样的区分，要追溯到日语的成型历史。

古代日本民族虽有民族语言，但没有系统的文字。汉文化传入日本之后，日本人就采用汉文字来作为书写工具。"音读"正是模仿当时汉字传入日本时的发音，遵循这种读法的词汇多是来自汉语的词汇。当然，音读汉字和现代汉语中对应汉字

的发音已经有所不同了（不过，仍然能从部分字的读音中发现汉语语音的痕迹，如读书—どくしょ、幸福—こうふく、技术—ぎじゅつ、恋爱—れんあい）。根据汉字传入的时代和来源地不同，"音读"甚至还能够分为"吴音""汉音""唐宋音"。

与"音读"相对应，"训读"词汇多是本土性质的、描述日本固有事物的特定词汇，日语母语者遵循日本固有的发音和词汇来读这些汉字。这一语言现象也可以理解为（早期的）日本人"用本土的原始语言解释汉字的意思"。假如把前文列举的几个词翻译成読む（よむ）、幸せ（しあわせ）、术（すべ）、恋（こい）的话，就看不出汉语语音的痕迹了。

有的日语汉字只有一种训读，而有的汉字有很多种训读。一般来说，只有一个字的词汇，动词、形容词等容易训读，比如海（うみ）、秋（あき）、比べる（くらべる）、慌ただしい（あわただしい）。

我们从这两个句子中能够更加直观地体会音读和训读的区别：

「食堂で食べる」中的第一个「食」读作「しょく」（shoku），是音读；第二个「食」要连同后面的假名一起读作「たべる」（taberu），是训读。

「銀行に行く」中的第一个「行」读作「こう」（kō），是音读；第二个「行」也要和后面的假名一起读作「いく」（iku），是训读。

三、日语的声调

日语虽然没有汉语中那么复杂的四声，但词语中的不同音节之间依然有着微妙的变化，有高低、轻重的变化，这就是日语中的声调（アクセント）。像汉语的四声一样，声调也在语音中传达着特定的语言意义。如"糖"和"雨"的假名都是「あめ」；「橋」和「箸」和「端」的假名都是「はし」，但各自的声调不同。

日语的声调是高低型的，由高而低或由低而高。一个假名代表一拍，包括表示清音、浊音、半浊音、促音、拨音以及长音的假名，但是不包括组成拗音中的小「や」「ゆ」和「よ」，即一个拗音整体上作为一个音拍来看待，如「きゅ」是一个音拍，而不是两拍。而「きゅう」和「くう」等长音则是两拍。

四、日语词汇的标写分类

日语从标写形式来看分为几种，它们是平假名、片假名、汉字、罗马字（一般较少使用）。

（一）平假名

これは日語のテキストです。（这是日语课本）

这个句子中的「これは」「の」「です」就是平假名。平假名是日语中很重要的一部分，它可以直接构成单词，如例中的「これ」是"这个"的意思（相当于英语中的"this"）；「の」是"的"的意思，最后的「です」表示判断，也就是"是"的意思。平假名也可以充当句子中的其他无具体意思的成分，如例中的「は」就是一个助词，用来分隔「これ」（这）和「日本語」。另外，它还是日文中汉字读音的基本单位，和汉语拼音的作用有点相似。

（二）片假名

「テキスト」是片假名。片假名和平假名是一一对应的，读音相同，只是写法不同。片假名主要用于构成西方外来语及其他一些特殊词汇。如例中「テキスト」的意思是"课本"，是从英语单词"text"音译过来的。

（三）汉字

如「日本語」是汉字，就是"日语"的意思，但它的发音却不是中文发音了。「日本語」的读音为「にほんご」。在这里，「にほんご」就相当于汉字「日本語」的拼音了。

五、日语中的汉字

（一）日语中的简化汉字和国字

中日两国使用的汉字，本来都是汉字的繁体字。但后来两国都进行了文字简化的改革，有些字，两国以同样的方式简化，如"學""國"，都同样简化为"学""国"；有许多的字中国简化了，日本没有简化，如中文的"书""车"，日语仍写「書」「車」；有的字日本简化了，中国却没有简化，如"佛""假"，日语简化为「仏」「仮」，但这种情况不太多。有的字两国虽都简化了，但简化的结果却不相同，如"勞""氣"，中文简化为"劳""气"，日语简化为「労」「気」。所以要注意它们的区别。写日语时，一定要写日语汉字，不能写中文的简化汉字。

（二）日中同形异义词

尽管与汉字读音不同，而且字形简体、繁体不太一致，但在两国语言中它们表达的意思是一致的，尽管不懂对方语言，但彼此都能看懂这部分词的意思，这些数量可观的同形同义词给学生学习日语带来了不少方便。

但也有不少字形相同的汉字词，其词义并不完全相同，有的甚至大相径庭，这部分词汇又会给学日语的朋友带来不便。日语初学者大概都会听到或看到关于日语里把女儿叫「娘」，把书信叫「手紙」，把火车叫「汽車」的一些极端例子。又如中国的考察团参观日本工厂，会对醒目的标语「油断一秒、怪我一生」大惑不解，其实这句话的意思是"疏忽一时、伤痛一世"。反过来，如果日本游客在中国的影剧院之类的公共场所看到"禁止喧哗"的告示，一定会认为在电影院里经常有人"吵嘴、打架"，殊不知汉语的"喧哗"是"大声喧嚷"之意。又如，中国人看到日语「高校」一词，会认为是"大学"等高等院校，其实它指的是"高中"。因此，对日汉语中这部分形同义不同，甚至风马牛不相及的词必须注意，可不能"望字生义"呀！

六、日语语法的基本特征

（1）谓语放在句末。即"主语—宾语—谓语"的顺序。

（2）词或句子的后面接有助词。助词的作用在于表示句子中词与词之间的关系，或为词语增加种种附加意义。

（3）动词和形容词有活用，词尾因时态状态等因素发生变化。令学日语的人最头疼的就是记那些活用变化的规则。

（4）日语文体分为普通体和礼貌体，日语叫「簡体」和「丁宁体」，在文章中、会话中，视情况加以使用。如论文一般用普通体，信件用礼貌体。朋友之间用普通体，正式场合用礼貌体。

例句:「これは本です。」——这是书。

这个句子里的语法是「～は～です」。意思相当于汉语的"～是～"。前面的「は」是副助词，起到判断宾语的作用，也就是谓语。这是最简单的句子了。日语是属于黏着语种，就是说日语的意思是一层层黏上去的。

加进一个「日本語」，用「の」黏上，

「これは日本語の本です。」——这是日语书。

再加进一个「私が勉強する」（我学习），

「これは私が勉強する日本語の本です。」——这是我学习的日语书。

再接着加进一个「学校」，用「で」黏上（在学校），

「これは私が学校で勉強する日本語の本です。」——这是我在学校学习的日语书。

第二节 高校日语教学法的科学内涵及理论基础

一、日语教学法的科学内涵

（一）日语教学与日语教学法

学习一门外语，就意味着学习它所构筑的一整套文化世界；掌握一门外语，就意味着获得一种新的对世界的看法。[1]日语教学和其他教学活动一样，是一种有目的、有组织、有计划的活动。学生在教师指导下从假名开始学习日语知识，逐步掌握听、说、读、写等日语技能，这是个极其复杂的发展过程，这个发展过程具有客观规律。日语教学法就是研究日语教与学的过程及其规律的科学。

日语教学法这一概念包括以下要素：日语、日语教学、日语教学法。日语是指日本民族使用的语言以及与语言交际息息相关的社会文化知识。日语教学是关于日语语言知识与技能的教与学的活动，具体指教师指导学生学习日语语言文化知识，掌握日语听、说、读、写等能力以及汉日语言互译能力、跨文化交际能力。学校的日语教学通常是在一定的教学目标指引下，按照既定的教学计划和大纲，

---

[1] 庄恩平. 跨文化外语教学研究与实践[M]. 上海：上海外语教育出版社，2012：18.

采用符合教学目标和教学对象实际的教科书，在具有日语教学技能、日语知识和日语能力的教师的具体指导下，针对特定的教学对象实施的活动。

（二）日语教学法的学科属性和体系

1. 日语教学法的学科属性

关于日语教学法的学科属性历来有所争论，有观点认为日语学科教学论是外语学科教学论的一个组成部分。外语学科教学论是教育科学的一个分支，因为它的研究对象是教师、学生、教材、课程、评价等外语教学中教育和教养过程的一般规律，所以日语教学法的学科体系也应该从属于教育科学。还有观点认为，日语教学法是从属于语言学的，是日语应用语言学的一个分支，因为指导学生掌握日语语言知识和言语技能是日语教学法研究的根本任务，日语教学法的研究离不开日语语言知识和语言文化背景，因此，日语教学法是日语语言学理论在教学中的实际应用。

这两种观点都有其合理性。日语教学法是一门涉及多学科的边缘性科学，与英语教学法、俄语教学法等同属外语分科教学法，是普通外语教学法的一个分支。普通外语教学法探讨各科外语教学的普遍规律，它来源于各分科外语教学法，也指导各科外语教学法。日语教学法既是一个科学概念，又是高等院校日语教育专业的必修课程，是一个课程名称。

2. 日语教学法的体系

日语教学法的体系组成有两种含义，一是指它的广义内涵，又称为亚体系。二是指它的狭义内涵，即教学法所包含的内容。

从广义上来看，日语教学法的亚体系由基本理论、基本知识、基本实践、基本操作、专业思想组成。

（1）基本理论

包括一般语言观、心理观、教育观以及相应的规律、模式、原理，如语言知识和言语技能的统一、智力因素和非智力因素的统一、教学和教育的统一等。基本理论也包括具体的日语教学观点、原则，如听说读写并举，语音、语法、词汇综合，学习和习得结合等。

（2）基本知识

基本知识是基本理论的应用，包括各个方面的教学方法、方式，各种类型的教学手段、技术的运用和使用，以及有关的道理和说明等。具体的语言知识教学法、言语技能教学法、课外活动组织法、现代化教育技术手段使用法，以及强化性和艺术性教学法等，都属于基本知识之列。当然，基本知识和基本理论的划分是相对的。

（3）基本实践

基本实践是指初步把日语教学法基本知识和基本理论应用于教学实践的尝试。这种实践带有训练性质。但是在基本实践中，实践者要努力发挥创造性。基本实践的主要形式是教育实习、见习、评议会、讨论会等，包括听课、备课、写教案、上课、批改作业、辅导、家庭访问、指导课外活动等一系列的教学实践。然后，通过实践形成能力。

（4）基本操作

基本操作是指日语教学中的技艺性或技术性的活动。如板书和黑板使用的整体设计，简笔画的画法和构思，各种电化教具的使用方法和操作技巧，在线课程指导等。这些都是日语教师的基本功，是本学科的组成部分。

（5）专业思想

发自内心希望自己能成为一名合格日语教师的专业思想，是学习和研究日语教学法学科的出发点和归宿。学科的广度、深度、难度，学科教师和发展所需要的思想修养、文化修养、逻辑修养等，都会促进日语教育研究者、作者对之产生兴趣，进而转化为其对日语教学工作的兴趣，这也会促进其专业思想的树立和巩固。

教学是创造，教学法学科的发展也是创造。抓住创造，教学法学科的基本问题就容易解决。学习教学法就是学习创造，研究教学法就是发挥创造性，创造就有价值，这是教学法学科发展的原动力。

从狭义上看，日语教学法的组成成分主要分为两大部分：教学思想和课程设计。课程设计可分为教学目的、教学内容、教学流程、教学方法四个部分。教学思想是课程设计的指导思想和原则，课程设计是教学思想的体现。不同教学法体系首先表现在教学思想上，之后也体现在课程设计上。

教学思想是对语言特性及其社会功能、对语言掌握、对母语和日语掌握过程的异同等的认识以及组织教学过程的原则。

教学目的指确定课程的教学目的。教学内容兼指教学内容范围、选择标准、量时比及组合教学内容的体系和原则、编排顺序等的设计。教学流程指整个教学过程组织的设计，如课程整体安排，教学阶段的划分和衔接，课型和分工，课内教学和课外教学的配合和分工等。教学方法指课内外教学基本模式的设计。

（三）日语教学法研究的一般方法

社会科学的一般研究方法有：观察、文献分析、面谈、问卷、测试、总结、实践和实验等。

1. 历史文献法

又称为历史法和文献法，就是研读国内外各个历史时期关于针对中国人开展日语教学的论述、专题论文、专著，分析、整理、研究各个时期的教学大纲、教材、考题等，从阅读文献入手，以历史的、发展的、批判的眼光探索日语教学理论与实践规律的研究方法。

2. 观察调查法

这是通过对教学现场的观察和调查取得有关资料进行研究的教学方法。观察的对象可以是教师本人，通过微格教学设备录制实验课全过程，课后进行观察。观察的对象也可以是他人的现场教学，获得一手的观察资料和数据，开展调查。调查旨在取得难以直接观察到的资料，如为了评价贯彻某个大纲、使用某部教科书、采用某种教学方法的实践效果等，除了观察教学现场之外，同时组织各种调查。

观察调查法主要包括教学现场观察、专门组织的调查测试、学生的作业或试卷调查分析、就某一专题问卷调查、谈话调查等。观察和调查的资料与数据要进行归类整理和分析，综合研究后才能得出结论。

3. 实验法

这是一种通过教学实践验证原有假设或理论的方法。按实验目的，又可分为试证法和实验法。

试证法旨在通过教学实践验证实验前提出的假设，通常用于探索性研究。一般流程是：研究者在阅读文献或在教学实践中得到某些启发，形成某种设想或假设，然后组织试证教学，以期验证自己的假设是否科学，是否可行。

实验法旨在通过教学实践，验证前人或他人的某种理论是否有效和可行。实验法通常用于评论性研究。在许多情况下，在验证前人或他人理论时，研究者往往加上自己实施这一理论的一些补充设想。这样的实验，就兼有试证的性质。在现实的教学实验中，采用纯粹实验法较少，采用兼有试证性质又有实验性质的实验法较多。

总结法是教师把自己在教学中积累的经验通过分析研究，使感性认识上升到理性认识，探索教学规律的方法。

（四）日语教学法研究的基本步骤

1. 准备阶段

这个阶段有两项主要工作：准备研究条件和拟定研究计划。

准备研究条件包括：收集文献资料（文献分析法）；确定需要观察的班级及需要调查和收集的资料；编写调查测试用的考题、问卷；选定各项活动的对象（观察调查法）；准备实验用品（实验法）。

研究计划内容包括：研究课题；研究的目的和意义；研究内容的提纲初稿；工作进程；各阶段完成日期。

准备条件和拟定计划这两项工作常常交叉进行。例如，要准备文献资料，先要取得课题，而要取得课题，又往往需要准备必要的条件。

2. 计划实施阶段

准备工作基本就绪，开始按计划开展研究活动：阅读文献、观察调查、实验。在这一阶段必须做好文献摘录及各种资料的记录、收集、整理、分类等工作。

3. 分析判断阶段

资料收集齐全、实验完成，就要对取得的各种资料从定量到定性两方面进行统计、分析、归纳、判断，得出有规律性的、有说服力的或者有启迪性的结论，形成观点。

4. 表述阶段

有了资料，有了观点，就可以正式构思论文的结构和内容，把研究活动的结构用文字表达出来，写出言之有物、立论有据、有观点、有材料的论文。

在实践研究工作中，后几个阶段的活动也可能有交叉。例如，在分析判断阶段，甚至在表述阶段，可能会发现某些资料不足，因而需要再次收集资料，在对资料进行整理和分类时，就可能需要进行初步的归纳和判断。所以，上述工作步骤只能作为一般的划分标准。

二、日语教学法的理论基础

（一）日语教学法与教育学

教育学要求把日语教学作为整个教育活动的一个组成部分，促使学生全面发展，日语教学既是教育的目的，又是教育的手段。教育学所阐明的原理、原则对整个学校教育、对学校的各门课程都有指导作用。

教学论也称普通教学法，是教育学的一个重要组成部分或分支，它专门研究教学过程及其规律。教学论和学科教学法，包括外语教学法中的日语教学法，既有密切联系，同时又有区别。教学论研究学校各门课程的一般教学过程和规律，它所论述的教学原理、原则及教学方法是从各门学科教学法大量材料中分析、概括、提炼出来的，对各门学科的教学都有指导意义。而学科教学论在研究学科教学理论的同时，一方面要以教学论所阐述的原理和原则为指导，另一方面要以自己的研究成果充实和丰富教学论理论。教学论是教育科学中与日语教学法有直接关系的科学。

（二）日语教学法与心理学

心理学是研究人们的心理过程，研究人们的思维、记忆、想象、意志等心理过程及其规律的科学。人的心理就是脑的特征，生理是心理的基础。教学活动是师生的共同活动，教学的成败取决于师生双方的积极性和主动性。学习的过程是认知的过程，与心理活动密不可分。为把教学组织得合理并卓有成效，必须要关注教学实施者的教师心理和作为教学主体的学生心理，了解他们的一般生理和心理特点，掌握师生在教学过程中的心理规律、智力因素、非智力因素和个性因素的协同作用。行为主义心理学和认知心理学的基本规律是指导日语技能训练和日语学习能力培养的重要依据。心理学可以指导教师和学生在教学过程中找到动机、自尊、自信、自觉性、自主感、记忆技巧及规律等。

教育心理学是研究学生在教育影响下形成道德和品质、掌握知识和技能、发展智力和个性的心理规律，是与日语教学法紧密相连的学科。教育心理学关于学习动机、兴趣、学习知觉、表象、思维的相互作用的研究，关于掌握知识和技能的心理规律的研究等，都与日语教学法有着直接的关系。

心理语言学或语言心理学研究表明，人们习得、学习和使用语言的心理规律，主要侧重于研究母语和第二语言的习得和学习等的心理规律，关注不同年龄、母语水平、学习环境和学习动因、学习内容对第二语言学习的影响。心理语言学的研究成果有助于日语教学法建立新的理论，对教学实践有指导作用。

（三）日语教学法与语言学

语言是交际所使用的最重要的工具。学习语言要注意它的物质结构，更要注重其交际功能。任何外语课程的最终目标都是要使学生利用所掌握的语言知识达到交际的目的。语言是思维的外壳，母语水平是思维能力的重要反映，母语思维习惯对外语思维习惯的养成具有干扰作用。语言和言语是不同的概念。语言是音义结合的词汇和语法的体系，言语是在特定的语境中为完成特定任务时对语言的使用。语言和言语互为依存。语言的社会功能在其表现为言语时才能体现。言语要以语言为基础，不能脱离语言规则。语言是体系，言语是行为。语言和言语的关系表明，外语教学的最终目的应该是培养言语能力或交际能力，外语教学的内容不仅指语言知识，也指听说读写能力，教学方法不仅要根据学习语言知识的需要进行设计，更要根据培养听说读写的能力进行设计。

（四）日语教学法与现代教育技术

现代教育技术是把现代教育理论应用于日语教育、教学实践的现代教育手段和方法的体系。现代教育技术包括以下三个方面：（1）日语教育教学中应用的现代技术手段，即现代教育媒体；（2）运用现代教育媒体进行日语教育、教学活动的方法，即媒体教学法；（3）优化日语教育、教学过程的系统方法，即教学设计。随着网络的普及，微课、慕课、翻转课堂、在线学习等已经逐步出现在日语教学活动中，现代教育技术对日语教学的影响作用越来越不容忽视。

第三节 高校日语教学内容、原则及评价

一、高校日语教学内容

（一）日语知识教学内容

1. 日语语音教学

（1）元音的发音

元音是语音的基础。日语中只有五个元音，但是这五个元音的发音几乎与汉语类似元音的发音都有差别。语音教学的一个常见问题就是由于没有准确掌握元音的读音，从而导致学生学习"辅音加元音"的假名时产生音准模仿困难。

（2）发音时口型、舌位变化

日语语音的一个特点是元音的发音清晰，虽然受辅音影响，但元音性质明了，辅音发音时舌位变化不大，喉音较多。而人们受汉语中双元音的影响，在有些元音的发音上，口型变化过大。

（3）发音部位

日语发音和中文发音是不一样的，日语发声时，主要是用口腔的中间部分，不存在尖锐的纯尖音和后舌音。而在中文当中，出现了许多的儿化音，儿化音的发音部分都是在舌头靠后一点的位置，需要卷起舌尖，属于卷舌音。在日语中，没有儿化音。因此，这是发音教学中需要注意的问题。

（4）元音无声化

在日语中存在元音不发出声音的现象，即元音无声化。

（5）声调

声调大致有两大类型：高低型、强弱型。日语的声调是高低型，虽然它有强弱变化，但强弱之差很小，没有区别词义的作用。日语活用词在活用变化时声调变化比较复杂，并且各方言的声调亦不相同，教学仅以东京语声调为标准。日语的声调变化在假名与假名之间。除拗音外，每个假名各表示一个音拍。根据高音拍在单词或词组中所处的位置，日语的声调可分为四类，即平板型、头高型、中高

型和尾高型。但是，这些调型并不对应于汉语的四种拼音声调，在单音节假名上不会发生类似汉语四声调型的变化。指导学生掌握日语的平调发音是教学的难点。

（6）浊音与拗音的发音

浊音教学的重点主要在于区分清音与浊音。拗音教学的重点在于严格区别拗音和直音（非拗音）。因此，在指导浊音与拗音的学习时，关键在于能够准确识别。

（7）促音的发音

日语促音的发音是用发音器官的某一部分堵住呼气，形成短促的顿挫，然后放开堵塞，使气流急冲而出时发出的音。此外，日语促音的发音规则随着后续假名变化而变化，按照堵住呼气的部位，促音有双唇促音、喉头促音、舌尖促音三种发音形式。对于母语中没有促音的中国学习者来说，掌握发音规律和技巧是比较困难的，因此，促音教学是语音教学的难点和重点。

（8）拨音的发音

日语拨音一般只能作为后辅音加在其他假名后面，不能用作前辅音，也不能单独使用。一个假名加上拨音，发音时前面的假名元音要发得轻些，随即向拨音过渡，其间不可留有间隙，在语流中占两个音拍。这是拨音的发音方法。拨音的发音虽然与我国拼音的"-n""-ng"音比较接近，但是它的发音规则会随着后续假名的不同，而有五种发音变化。教学中教师要指导学生体会发音规律，不一定要死记硬背规则，使其能够准确模仿即可。

（9）音拍

日语假名是音节文字，基本上是一个假名代表一个音节，如清音、浊音、半浊音等。但也有两个假名组成一个音节的，如促音、拗音、拨音、长音等。在连续发音时，每个假名的音长单位时间大致相等，这个单位时间叫作"拍"。音节与音拍在大多数场合是一致的。但也有音节与音拍不一致的场合，如促音、拨音、长音都是两音拍一音节的语音。日语发音中要严格遵守"拍"的规则，不可随意延长或缩短假名的发音。

（10）长音与短音的发音

日语中的长音也是一个特殊音，它不能单独构成音节，它与前面的音一起构成日语的长音节。日语的长音在语流中占两个音拍。发长音要领是，当前一音节发音完毕，口形保持不变，继续元音的发音，音拍拉长一拍。

综上所述，在语音教学中需要注意的知识点很多，在语音能力培养方面，要在听说读写等方面进行语音技能训练。因此，遵循一定的教学指导方法，有助于语音教学取得好的效果。

2. 日语词汇教学

（1）词汇记忆

根据各阶段日语词汇教学目标，从词汇教学的数量上看，基础阶段为6000—8000个词汇，200个左右的惯用词组，其中积极掌握量不少于一半；高级阶段接触15000—20000个词汇，500个左右的惯用词组，其中积极掌握量不少于10000。从对词汇的掌握程度上看，要使学生掌握词汇的读音、意义、写法以及运用中的助词接续、词尾变化等，能够在说和写的训练中达到熟练、准确运用。从词汇的掌握范围看，要掌握读音、书写（包括日语当用汉字和假名），要能听懂并准确使用。因此学生面临的第一个困难就是词汇记忆。记忆困难主要表现在：记忆不准确；遗忘率高，再现率低；记忆保持时间短。

（2）词义的准确识别

对词义概念的错误理解通常表现在三个方面：第一，对汉字词义的误解；第二，对日语固有词汇的误解；第三，对外来语词汇的误解。

由于日语词汇中与汉语词汇同形异义、同形同义，以及词义基本相同而词义范围不同的词汇大量存在，很容易造成汉字词的概念错误。日语中有些固有词汇，其词义接近，译成汉语时难以分辨其语义的微妙差异，而在日语中却有着不同的词义范围和使用限制，不能误用。因此，准确掌握词汇概念也是词汇教学的难点所在。

（3）词义概念的正确掌握

词义除了指词所代表的概念，还有相关意义，包括内涵意义、语体意义、感情意义和搭配意义。词的相关意义也是词汇教学的范畴。认识词汇需要对词汇的属性、结构、语法功能、使用者等有一个明确认识，否则，就难以准确运用词汇。不同的搭配中词义会相应地发生变化，一词多义也是词汇教学的要点之一。

（4）词汇音感的把握

词汇的教学不仅要解决"释义"的问题，还要解决"语感"的问题。这里所说的语感不是指每一个词在句中表达何种感情，而是学习者对于日语语言中音感的掌握。指导学生有意识地关注一些词汇的形成或发音规律，对于词汇记忆和词汇运用有重要意义。

3. 日语语法教学

（1）语法体系的把握

日语语法和其他语法相比，包含了很多的语法范畴和词类，是因为它有两套严格的语法体系，分别为文语和口语。日语语法中的词汇，都是变化多样的，其中的助词、助动词的意义十分复杂，增加了学习的挑战性，再加上日语语法中的惯用型、敬语很多，为日语的语法教学增加了难度，也对教学提出了更高的要求。同样的内容可以根据表达者的身份地位、表达的场合等有多种变化形式，一不留神，就会出现交际摩擦。因此学习掌握庞大的语法体系是日语语法教学的一道难关。

（2）语法规则的记忆

构成日语语法的一些惯用句型结构比较复杂，难以记忆。结构复杂一是指句型结构比较长；二是指句型搭配比较多，而且，各自的应用场合、表示的断定语气也有差异，如果不能很好地区分就难以掌握。所以，记忆句型是日语语法教学的难点之一。此外，由于日语属于黏着语系，助词、助动词的应用在语法学习中占据重要地位。在我国的语言规则中，没有这种语法特征。所以，学生在进行语法学习时，不仅要记住每个助词和助动词，还因为助词的一词多义，为学生的记忆、理解增添了许多困难。还有对动词、形容词等的记忆也属于这一类。

（3）语言规则的正确理解

日语中存在着两种性质截然不同的词类，一种以表示客观事物为主，另一种以表示主观意志为主。在表示主观意志的词类中，助词和助动词是组成其语言的关键部分，那是因为日语中绝大部分语法都是要依靠动词和助动词来连接完成的。比如，表达句子之间的逻辑关系、表达句子成分之间的连接关系以及表达说话者的语气等，这些都需要依靠助词和助动词的帮助。所以，在日语教学中，要把这种具有语法功能的词汇划分到语法范畴。这几年，日语语言教学界对这点有了共同的认知。学生对日语语法功能词的掌握是近年对学生进行日语能力检测的重要内容。

常见的日语功能词一般包括句型、助词、助动词、文言助词及助动词的残余用法、起助词和助动词作用的复合成分（有两个或两个以上的词或词素构成、相对固定的符合形式）。一般来说，日语的语法功能词可以从广义和狭义两个方面来认识。广义的语法功能词指所有具有语法功能的词，包括如助词、助动词、接续词、语法性接尾词、起助词和助动词作用的复合成分等。狭义的语法功能词一般只指起助词、助动词作用的复合成分。由于日语语法结构的特殊性，为人们准确掌握和理解语法带来了困难。

语法的概念理解错误是导致语法误用的关键。可是，由于人们习惯于以汉语的意义去理解日语语法，由此导致对日语语法意义分辨不清的情况时有发生。

（4）语法的熟练应用

语言规则教学的目标就是能够熟练应用语法，如何能够让学生把已经理解和掌握的语法、句型自如地运用到会话、写作等语言实践中去，是语法教学的关键。不过教学中往往偏重书面练习，通过完成习题来达到对语法规则的熟练应用，致使口语应用时容易出现影响交际的语法错误，或者出现交际过程中语言迟缓、表述不流畅的问题等。因此，帮助学生熟练应用语法规则是教学的一个重要内容。

（二）日语听力教学内容

1. 培养"听音会意"能力

在对听的能力训练上，要对听音、辨别音方面进行练习。在日语中，其语音组成的特征，在日语教学方略中有所阐述。比如，中文中没有涉及对语音进行长、短音的划分，对于日语长短音的听解就成为日语听解的一个困难所在。正是由于音位、音调、音长和音拍等的不同而产生了独特的日语语音，想要对一段话语进行正确理解，就要十分精准地领悟到语音的含义。当我们学习日语时，听力不是对听音、辨别音的理解，它是对所听内容的领悟和会意。但是，在听力的训练中，这仅仅是一个简单的小任务。听取语音感知意图，就是熟练地将语音、词汇和语法融合起来，领悟句子所表达的中心思想。这是听力能力培养的首要目的，也是听解教学的难点之一。

2. 培养快速准确存储信息能力

在运用母语进行交流时，即使听到很长的内容也能够复述出大概的内容，这是在"听"时的短时记忆在发挥作用。当我们使用外语进行交流时，会发生这样的现象，就是对所听到的内容不能很快地记忆，经常是听了后段内容，前段的内容就记不起来了，这是因为人们对日语词汇、语法，包括所处的语言环境以及使用外语进行交流，本身都是有所抗拒的，从而影响了自身记忆力，使我们对所听到的句子不能会意理解。这样的情况，会对大脑的记忆效果产生影响。这一点是在训练听力时必须克服的重中之重。

3. 培养长时间听解能力

无论是听母语还是听外语，当专注于听解一个话题时，有时会因为过度紧张而产生听解疲劳，短时间内大脑运行停滞，产生听解空白。听外语时，这种空白发生的频率会更高，这是源于外语思维方式的变化，语言信息的传递和生成在头脑中还没有建立通路。日语教学需要帮助学生尽快建立起这个信息输入和产出的网络。通过训练，让学生逐渐适应用日语听解的思维方式，逐步缓解由于紧张、陌生而产生的疲劳，把听日语和听母语的感觉趋向等同。因此，提高学生长时间听解能力是听力教学的任务之一。

4. 培养调整思维方式能力

在语序上，中文和日语有很大的差异，所以，在听时要把思维转换到日语表达形式上来。这种转换过程是隐匿的，是一个慢慢形成的过程，这种由中文方式向日语方式的转变过程，是需要花费时间进行练习的，只有这样才能完全地使用日语的表达方式。所以，怎样才能转换为日语表达方式，以减少母语对听解内容的干扰，是日语听解教学的一个关键。

5. 培养准确取舍所听主旨内容能力

在听的过程中，要不断地对所听内容进行理解和判断。在这个过程当中，关键之处是对谈话中心思想的掌控。用外语进行交流时，我们的智商会降低，具体表现为对谈话中的一些逻辑推理、客观的判断和谈话方向等，都不能快速反应，不能及时地调整自己的思维，和说话人的思维不在同一条水平线上，对中心话题不能掌控，对所听的语言无法进行分析判断等，从而无法正确地表达自己的意图，无法使自己真正参与到话题中去。只有做到思维正常运行，才能称为听解，否则，只是倾听而已，所以，把握话题宗旨是听解教学的要点。

6. 培养适应各种语速听力能力

跟不上所听话语的语速往往是听音会意的难点。由于每个人的发音习惯和语速不同，适应不同说话人的语音和语速，也是日语听解能力培养的要点。

（三）日语口语教学内容

1. 自信地开口说日语

很多日语学习者都因为担心发音、语流语调不好、担心说错话被人笑话等而羞于开口，导致会写不会说、会看不会说的情况时有发生。因此提高学生开口说日语的自信，是会话教学首先要解决的问题。

2. 排除母语翻译

学习语言的人都会有一个共同的问题，那就是忘不掉母语带来的影响，他们会把母语说话的习惯带到日语中去。在中国，我们经常调侃"中国式英语"，这种情况在学习日语时同样存在，使得日语的表达不明确，不仅如此，脑海中词语的调用速度会变慢，表达过程被控制，使得语言交流并不顺利。

3. 提高语速和表达流畅度

对于有些人来说翻译可能是学习语言的重要任务，但其实真正会学习的人是没有翻译意识的。在进行翻译时，除了要注意语速问题，还要多练习如何说，这样才能锻炼口腔肌肉和大脑的记忆，使发音更加清楚。由于日语的表达思维和中文不一样，在日常无目的的聊天时，如果不能快速转变话题，记忆中的词语不能快速调动，就会使交流变慢。

4. 既关注语言表达形式，又重视表达的内容

在学习日语时同样存在这种问题。在对话中，常常因为太关注词语的运用和句式问题等，而把所说的内容讲错，主题思想不明确。因此，在日语学习中，要做到两头兼顾。

5. 在有声状态下表达时提高思维能力

双声学习与单声学习是指大声朗读和默读。所谓双声是指大声朗读中，大脑中存在声音，耳朵中同样存在声音，因为自己可以听到自己所说的内容，这样就有双倍的学习效果，而默读只有脑海中存在声音。在学习语言的过程中，朗读更能提高学习能力。

（四）日语阅读教学内容

1. 阅读速度的提高

根据教学大纲的规定，在语言学习的初级阶段，阅读的速度应当在 1 分钟

50—80个词，在语言学习的高级阶段，阅读的速度应当在 1 分钟 100—130 个词。学习者刚开始进行阅读练习时，因为尚不熟悉文中的词汇、日语的使用规则，加之对文中的内容较为陌生，所以，达到大纲的要求比较困难，只有不断地进行训练才能提高阅读的效率。

2. 语言的准确理解

日语中助词和助动词的广泛使用，使日语的复句与单句不同于汉语，语序不影响语意，长修饰语在句子中使用频繁，这都造成人们难以理解语句意义或文章宗旨，必须反复阅读。这也是阅读速度慢的原因之一。

3. 阅读兴趣的保持

学习者在阅读文章时，如果遇到不理解的语法或不认识的生词，往往会停止阅读去查找生词或去确认语法的使用。原本连贯性的阅读过程就被迫中断，阅读的过程实际上就成为生词和语法学习的过程。如果阅读时反复出现这种中断的情况，学习者阅读的兴趣就会降低，就会感受到阅读的压力，从而产生对阅读行为的抵触心理，最终导致其对阅读行为的放弃，这种情况在学习者中经常出现。

4. 工具书的运用

阅读过程中并不排除使用工具书，重要的是应学会使用工具书的方法。有些学习者因为觉得烦琐，不愿意使用工具书；有些学习者对工具书产生过度依赖，完全用工具书代替自身对知识及词汇的记忆。以上两种做法都不正确。在阅读的过程中，如果不会正确使用工具书，会降低阅读的准确性，影响阅读的速度，也难以调动起阅读的兴趣，所以指导学生有效使用工具书是阅读教学的重要任务。

5. 阅读过程中想象、推理等思维能力的培养

阅读是一种需要进行领会的学习过程，它与写作和会话等表达式的学习方法不同。但是，阅读的过程同样也需要调动起各方面的能力去参与其中，如想象能力、判断能力、归纳能力、概括能力、推理能力、分析能力、综合能力等。如果阅读时仅仅对其中的语言符号进行机械式地辨别，则难以达到阅读的真正目的。学习者在朗读文章或默读文章时，常常会因为将注意力放在语音、语调上，而对语义未给予应有的关注，阅读过程中没有思维的有效参与，造成在阅读理解方面出现困难。

（五）日语翻译教学内容

1. 翻译的基础知识

翻译的基础是译者能自如运用外语和母语两种语言。译者的语言基本功包括词汇量、语法知识、阅读或听解能力、分析理解能力、措辞能力、组句能力、修辞能力、文学艺术修养等。在翻译教学中，往往更重视对外语的理解，忽视对母语的再教学。在专业日语教学中，无论是口译还是笔译，准确翻译是基本原则，要做到准确翻译，一方面要对发话者（或者作者）的语言准确理解、对发话者（或者作者）的心理准确把握；另一方面是完美利用另外一种语言再现和传递出这些思想和话语内涵。所以，能否准确理解、表达两种语言会直接影响到翻译的质量和水平。翻译教学在承担着教授"传递信息的方法和策略"任务的同时，也承担着指导学生再认识母语的责任。

2. 翻译的技巧分析

语言的转换首先是词汇和语言规则的转换，其次是语言文化心理的转换。翻译教学的一项重要任务就是让学生把握翻译技巧，如进行词汇转换时，要注意中日词汇的概念有无差异、是否是专有名词或者多义词、词汇的感情色彩如何，还要注意位相语的翻译、熟语的翻译、简称的翻译、数次的翻译、流行语的翻译、歇后语的翻译、拟声拟态词的翻译、特殊词语的翻译等。关于句子翻译，翻译教学不仅涉及句型、语法、惯用搭配等语言结构、规则，更重要的是指导学生准确把握句子的语言逻辑；文章的翻译会涉及不同题材、不同体裁文章的翻译技巧。翻译教学就是要指导学生把握翻译技巧，为翻译实践提供理论指导。

3. 把握翻译标准

翻译标准的讨论始终是翻译理论研究的焦点，如何把握各种流派观点不一的翻译标准，到底是"信、达、雅"为最佳，还是"神似""化境"才是终极目标，翻译理论教学也不能回避这个问题。教师的责任就是指导学生能够按照不同翻译场合、不同翻译目标，采取不同的翻译技巧，灵活把握不同的翻译标准，做好翻译实践。

4. 翻译的心理训练分析

口译对译者的心理素质要求高，因为临场紧张、现场嘈杂带来的情绪波动和注意力分散、疲劳带来的短时记忆力下降等，都会导致翻译的失败。此外，译者的快速反应能力、机智得体的应答、敏锐的推理判断力、灵活得当的交际能力等，都影响着翻译的效果。笔译对译者的品质也有要求，如精益求精的钻研精神、耐得住寂寞和枯燥的毅力、持久工作的韧劲等。译者在从事翻译工作时，只有具备良好的、稳定的心理素质，才能有效提升自如运用双语的翻译能力。

5. 翻译的职业素养分析

翻译人员除了具备专业知识（外语知识、母语知识）外，还要具备广博的知识结构，了解各行各业的基本情况。职业翻译还要具备综合素质，如记忆能力、记录能力、逻辑分析能力、概括能力、语言表达能力、写作能力等。此外，翻译人员的政治素养（社会责任心、爱国、爱民族、有信仰等）、职业道德（保密意识、严谨的工作作风、实事求是的翻译态度）、行为素养（举止有礼、穿着得体、态度端正、守时严谨等），也是通过翻译教学要学生必须具备的。

二、日语教学的原则

日语教学的实施需要教师在科学教学原则的指导下安排教学活动。正确理解和全面贯彻这些教学原则是教学任务完成的重要保证。

（一）交际性原则

日语教学的最终目的是使学生能够具备使用日语进行交际的能力，因此交际性原则是大学日语教学的重要原则之一。具体来说，遵循交际性原则需要教师注意以下几个方面。

第一，重视日语教学的交际工具作用。日语是进行语言交际的重要工具，教学的目的是使学生了解和掌握这种工具。

具体在大学日语教学中，交际性原则要求教师以交际性为目的进行教学，同时也要求学生以交际性为目的进行学习，在课堂上多进行交际性语言操练，将教学活动和语言应用紧密结合，从而切实提高日语交际能力。

由于中国缺乏日语使用的相关语言环境，因此课堂教学中的师生交流成为重要的语言交际活动，也成为提升学生语言应用的重要渠道。鉴于此，教师可以利用相关教具，为学生创造适当的场景，协助学生利用日语进行真实或逼真的语言练习。这种教学不仅带有实用性，同时也能引起学生的兴趣。

第二，重视语言语境的影响作用。在中国传统的大学日语教学中，很多教师偏重基础语言知识的教学，这种教学模式下培养的学生并不具备良好的语言交际能力，不能在交际场合中灵活使用日语进行交际。语言的使用是在一定的语境之下进行的，语境具体包括交际的时间、地点、交际者、交际方式、谈话主体等。在不同的语境作用下，相同的话语可能产生不同的交际效果。

因此，大学日语教学中教师需要重视语言语境的影响作用，培养学生的语境适应性与灵活性，为学生日后的语言交际打下良好的基础。具体来说，在教学过程中，教师可以设计不同的语境体验活动，使学生明白不同语境下语言使用的总体规范。

第三，重视语言教学的生活性。大学日语教学是为了学生的生活服务的，因此在教学中需要重视教学的生活性。教师可以将教学内容和学生所关心的话题进行整合，给学生提供充足的、内容丰富的学习资料。由于这些教学内容与学生生活息息相关，会引起学生的共鸣，最终会调动学生的学习和参与意识，促进教学效果的提高。

（二）真实性原则

大学日语教学的真实性指的是教师的日语教学需要体现日语本族语真实的语言使用环境，并以此设计教学内容，展现日语的语言交际场景、社会文化等。

日语教学中的真实性需要体现在教学的各个环节中，以培养学生的语言综合应用能力为总目标，同时利用交际法和任务法展开教学，力图使学生在真实的日语环境中提高自身的语言能力。具体来说，真实性就是语用真实，教学中应该做到以下几个方面。

第一，把握真实语言运用的目的。语言交际目的是进行交际的前提，真实的语言运用目的是提高学生参与度和培养学生语言运用意识的重要保证。

第二，采用语用真实的教学内容。由于语言教学的特殊性，其教学内容不仅包括课文教材，同时还需要涉及语言运用材料。真实的教学材料能够使学生接触真实的语言，了解日语国家真实的交际话语和文化背景，并能够在课堂活动与社会交际中进行应用。

教师在教学前需要搜集和整理真实的教学内容,分析语言应用的语境与内涵,从而保证教学和学生语用能力的提高紧密相连。

第三,设计或组织运用真实的课堂教学活动。教学活动是保证教学效果的重要因素,同时也是语言运用的重要手段。真实的课堂教学活动需要体现语言应用的目标,将学生的语用能力的培养与提高、课堂教学内容的训练与巩固紧密相连。

教师在真实的课堂教学活动中发挥着重要的指导作用,需要对学生进行积极地引导,使学生明白语言的真实语境与言外之意。

第四,努力做到学习环境的真实性。中国学习者主要是通过课堂教学的方式进行日语学习的。为了提高学生的语言交际能力,努力做到学习环境的真实性十分有必要。教室是进行日语交际的重要场所,教师应该重视教室的交流作用,为学生打造出合适的学习和交际环境。

第五,设计语用真实的教学检测评估方案。教学评估是教学整体链条中的重要一环,对教师的教学和学生的学习都有重要的反馈作用。设计语用真实的教学检测评估方案,能够使教师发现学生学习中的不足,从而及时调整教学任务。

由于语用真实会引导学生更加重视语言学习的应用性,利于学生日语使用自我意识的提高,因此在进行教学检测评估设计时要注重语用能力的检测。

(三)综合性原则

日语教学的综合性原则指的是重视语音、语法、词汇的交互影响作用,进行综合教学。

第一,整句教学与单项训练相结合。由于日语教学是为了提高学生的语言应用能力,因此在教学中教师最好采用整句教学的方式。学生在学习到语言表达之后就能直接运用,有利于学生语感能力的提高。具体来说,整句教学的顺序是先教授简单句子,然后再教授较为复杂和长的句子,将整句教学和单项训练相结合。

第二,进行综合训练。语言学习是一个完整的体系,需要在教学中进行综合训练,也就是结合听、说、读、写四个部分。在大学日语教学中,听、说、读、写的培养是教学的主要途径,教师可以训练学生的多种感觉器官,保证四项技能训练的数量、比例、难易程度,从而使学生完成不同的学习任务。

第三,进行对比教学。由于语言的差异性,在大学日语教学中还需要进行对比教学，引导学生在语言使用中学习单词、语法、语音。这种对比教学的方式能够保证整体教学效果的提高。

（四）兴趣性原则

学习兴趣对学习有着重要的影响，在具体的学习过程中，只有学生充满兴趣，其才能积极探索不同的学习领域，推动对事物的认识与发现，并从中体现学习知识的乐趣。

大学日语教学中也需要重视兴趣性原则，教师需要努力调动学生的情感内因，激发其对日语学习的强烈愿望，在轻松愉快的学习环境中培养学生的语言技能。具体来说，为了调动学生的学习兴趣，教师可以从以下几个方面着手。

第一，充分了解学生的特点。不同学习阶段和年龄阶段的学生，所表现出的学习特点也不尽相同。教师应该充分了解学生的特点，在尊重学生学习中心性的基础上，发挥学生对教学的促进作用。在课堂教学中，教师要从大学生的生理与心理特点出发，遵循语言学习规律，采用不同的教学手段，培养学生的兴趣，让学生在体验和实践中进行日语学习。

第二，改变传统的日语教学方式和评价方式。在传统的大学日语教学中，主要是通过死记硬背的方式进行教学。这种填鸭式教学在日语学习的初级阶段有所成效，但是在大学日语教学中却收效甚微。

鉴于此，教师应该创设符合大学生真实水平的教学内容，教学策略和实践也需要开发学生的日语思维，帮助其对语言知识的内化与吸收，从而为日后的语言交际打下基础。

第三，对教材进行深度挖掘。教材是教学的指导性文件，在教学中起着举足轻重的作用。大学日语教师在教学前，应该认真、透彻地研究教材，挖掘教材中学生的兴趣点，避免教材枯燥对学生的影响，从而调动学生学习的积极性。

（五）循序性原则

语言的学习并不是一蹴而就的，大学日语教学也需要遵循循序性原则。具体来说，循序性原则要求教师做到以下几点。

第一，语言知识学习从口语过渡到书面语。日语学习主要包括口语和书面语的学习。教师在教学中可以先从口语开始，逐渐向书面语过渡。由于口语交际词汇较为简单，语句运用也比较轻松，会便于学生的掌握。可以说，口语技能的提高是书面语能力提高的基础。

第二，从听说技能的培养过渡到读写技能的培养。听说读写是日语的四项基本技能，应该全面发展。但是对四项技能进行分析，也要注意技能培养的顺序。其中，听说教学能够使学生掌握正确的发音和语言运用结构，从而为读写能力的提高奠定基础。教师在培养过程中，应该遵循先听说，后读写的顺序，以便于学生语言能力的提高。

第三，语言知识与技能、使用语言的能力不断循环与深化。语言能力的培养总体处于螺旋式发展的过程，需要进行多次的循环，但这种循环不是单纯的重复，每一次重复都在前一次学习的基础上在深度和难度上有所提高。因此，教师应该注意从学生已有的语言知识和已经熟悉的语言技能出发，讲授新知识，培养新的技能。

在大学日语教学过程中，教师应该注意对学生已经掌握的语言知识和技能进行系统优化，在此基础上培养学生新的语言技能，教授学生新的语言知识。

（六）灵活性原则

语言处于不断变化发展过程中，是一个充满活力的开放性系统。因此，大学日语教学也要遵循灵活性原则。

第一，教师的教学方法要有灵活性。日语教师在讲授语音、词汇、语法等语言知识和培养听、说、读、写、译等语言技能时要具体问题具体分析，根据不同内容采取不同的教学方法。

第二，学生的学习方法要有灵活性。在大学日语教学中，教师需要积极探索符合学生学习规律和心理、生理特点的自主学习模式，从而帮助学生提高自主学习能力，使学生能够进行自我激励和监控，从而提高其语言技能。

第三，语言使用要有灵活性。学习语言的最终目的是交流沟通。教师要通过自身灵活地使用日语带动学生使用日语。在课堂教学中，教师应尽可能多地用日语组织教学，使学生感到他们所学的日语是活的语言。此外，教师还可以通过灵活性的作业为学生提供灵活使用日语的机会。

三、日语教学评价

教学评价是根据教学目标，通过测量、测验、观察等手段，收集学习者在教学过程中发生的变化信息，并做出价值判断的过程。

与教学评价相关的概念还有测量和测验。测量是以数学方法对事物进行的描述，而不关心其价值。测验是指特定的测量工具（如量表、试卷），教学评价往往以测验为工具对学习行为进行测量、收集行为变化的数据资料，以作为价值判断的依据，但评价还可以通过日常观察、谈话、作业分析等形式进行。

（一）教学评价的方法

教学评价可以通过测验、征答、观察提问、作业检查、听课和评课等方式进行。在具体实施评价时主要采取以下方法。

（1）绝对评价法

绝对评价法是在被评价对象的集合以外确定一个客观标准，将评价对象与这一客观标准相比较，以判断其达到程度的评价方法。

绝对评价设定评价对象以外的客观标准，考察教学目标是否达成，可以促使学生有的放矢，主动学习，并使其根据评价结果及时发现差距，调整自我，具有明显的教育意义。

（2）相对评价法

相对评价法是从评价对象集合中选取一个或若干个对象作为基准，将余者与基准做比较，排出名次，比较优劣的评价方法。相对评价法便于学生在相互比较中判断自己的位置，激发其竞争意识。

（3）个体内差异评价法

个体内差异评价是以评价对象自身状况为基准，对评价对象进行价值判断的评价方法。在这种方法中，评价对象只与自身状况进行比较，包括自身现在成绩同过去成绩的比较，以及自身不同侧面的比较（如将学业测验结果与智能测验结果相比较，根据二者的相关程度确定学生的努力程度等）。

（二）教学评价类型

根据评价在教学活动中发挥作用的不同，可把教学评价分为诊断性评价、形成性评价和总结性评价三种类型。

（1）诊断性评价

诊断性评价是指在教学活动开始前，对评价对象的学习准备程度作出鉴定，以便采取相应措施使教学计划顺利、有效实施而进行的测定性评价。诊断性评价的实施时间，一般在课程、学期、学年开始或教学过程中有需要的时候。其作用主要有二：第一，确定学生的学习准备程度；第二，适当安置学生。

（2）形成性评价

形成性评价是在教学过程中，为调节和完善教学活动，保证教学目标得以实现而进行的确定学生学习成果的评价。形成性评价的主要目的是改进、完善教学过程。

（3）总结性评价

总结性评价是以预先设定的教学目标为基准，对评价对象达成目标的程度即教学效果做出评价。总结性评价注重考查学生掌握某门学科的整体程度，概括水平较高，测验内容范围较广，常在学期中或学期末进行，使用次数较少。

另外，按评价所参照的标准划分，则包括目标参照评价和常模参照评价。

（三）教学评价原则

（1）客观性原则

客观性原则是指在进行教学评价时，从测量的标准和方法到评价者所持有的态度，特别是最终的评价结果，都应该符合客观实际，不能主观臆断或掺杂个人情感。因为教学评价的目的在于给学生的学和教师的教以客观的价值判断，如果缺乏客观性就失去了意义，从而导致教学决策的错误。

（2）整体性原则

整体性原则是指在进行教学评价时，要对组成教学活动的各方面进行多角度、全方位的评价，不能以点代面、一概而论。由于教学系统的复杂性和教学任务的多样化，使得教学质量往往从不同的侧面反映出来，表现为一个由多因素组成的综合体。因此，为了反映真实的教学效果，必须把定性评价和定量评价综合起来，使其相互参照，以求全面准确地判断评价客体的实际效果，但同时要把握主次，区分轻重，抓住主要的矛盾，再决定教学质量的主导因素。

（3）指导性原则

指导性原则是指在进行教学评价时，不能就事论事，而是要把评价和指导结合起来，要对评价的结果进行认真分析，从不同的角度找出因果关系，确认产生的原因，并通过及时的、具体的、启发性的信息反馈，使被评价者明确今后的努力方向。

（4）科学性原则

这条原则是指在进行教学评价时，要从教与学相统一的角度出发，以教学目标体系为依据，确定合理的、统一的评价标准，认真编制、预试、修订评价工具；在此基础上，使用先进的测量手段和统计方法，依据科学的评价程序和方法，对获得的各种数据进行严格处理，而不是依靠经验和直觉进行主观判断。

（5）发展性原则

教学评价是鼓励师生、促进教学的手段，因此教学评价应着眼于学生的学习进步和动态发展，着眼于教师的教学改进和能力提高，以调动师生的积极性，提高教学质量。

第四节　高校日语教学的目标体系及要求

一、基础阶段教学的内容目标及要求

大学一、二年级的日语教学内容标准主要针对大学日语专业（零起点）一、二年级的教学，以及社会力量办学中的最初一二年内的日语教学。

日语专业基础阶段的教学基本要求为以下几点。

（1）学年教学要保证不低于500学时，两年内学生应该掌握现代日语语音、语法、词汇的基本知识，具备听、说、读、写日语的基本技能；能够在所学语言材料范围内正确、熟练地运用日语进行口头、笔头交际，为进一步学习日语打下坚实的基础。

（2）掌握日语语音的基础知识，朗读或说日语时，发音、语调基本正确，合乎规范，没有明显的语音错误。

（3）掌握日语基础语法，概念清楚，对日语语法中的主要项目、难点理解确切，在语言实践中能够正确运用，无大错误，不影响交际功能。

（4）接触日语单词8000个左右，基本句型250个以上，惯用词组200个以上，其中积极掌握不少于一半。

（5）在听的方面，能听懂日本人一般性的讲话，听懂难易程度与所学课文接近的各种文章的录音。其中生词不超过3%，没有生疏的语法现象。

（6）在说的方面，能较流利地进行日常生活会话，能与日本人进行一般交际性和事务性交谈，能在已学过的题材范围内进行3分钟以上的连贯性发言，并且无明显的用词与语法错误。

（7）在读的方面，能朗读生词不超过3%，没有新的语法现象的各种题材的文章，要求读音正确，有表情。能不借助词典快速阅读难易程度与所学课文接近的文章，内容理解确切，并能口头用日语叙述大意。能借助词典阅读非专业性的一般日文报刊。

（8）在写的方面，能记述和改写听懂和读懂的文章，能在两小时内写出600字以上的应用文、记叙文，文理通顺，语法、用词基本正确。

二、高年级阶段教学的内容目标及要求

日语专业三、四年级的教学内容是一、二年级日语教学的延伸，与基础阶段的教学相衔接。在进一步练好听、说、读、写、译几方面基本功的同时，还要拓宽知识面，学习日本文化、文学等方面的内容。参考《高等院校日语专业高年级阶段教学大纲》，对这一阶段日语教学提出以下要求。

（1）知识结构目标：按照高等院校日语专业高年级阶段教学大纲的要求，高级阶段的日语教学从语言知识教学转入语言理论、与语言相关的专业知识与理论的教学，需要结合专业选择教学重点和内容。因此课程的具体设置由各学校根据培养目标适当掌握，大纲只是对课程的目标本身做了详细的规定。

（2）语言技能教学目标：高等院校日语专业高年级阶段教学大纲对于语言技能的培养目标也做了明确规定，从听、说、读、写、译几个侧面提出具体要求。

听的内容目标：能听懂日本人用普通话以正常语速所做的演讲、谈话，反应快，理解正确，并能复述中心内容；对电视节目、现场采访的广播及带地方口音

的日本人讲话，听后能抓住主要内容和重要情节。

说的内容目标：能用日语较正确地表达自己的思想感情，能与日本人自由交谈；经过较短时间的准备，能用日语即席发言或发表学术见解，就熟悉的内容进行讨论或辩论，阐述观点；日语语音语调正确、自然，表达通顺流畅，无影响内容理解的明显语法错误；能根据不同场合、不同对象正确选用不同的语言表达方式，尤其是在词义的褒贬、敬语的使用及语气、色彩的把握方面基本无误。

读的内容目标：能读懂专业性很强的科技资料以外的现代日本文章，除了最新外来语、流行语及个别生僻词汇外，基本没有生单词；能读懂一般性日语文章，能理解作品的主要内涵和意境；能较好地归纳、概括其主要内容；能独立分析文章的思想观点、文章结构、语言技巧及文体修饰；对于古文、和歌、俳句等古典作品或文章，能借助工具书、参考注释读懂大意。

写的内容目标：能用日语写出格式标准、语言基本正确、内容明了的书信或调查报告等各种文体的文章；能写内容充实，具有一定广度和深度的说明文、议论文以及论文；在构思成熟的前提下，写作速度可达每小时700字，语言基本上正确得体，无明显语法错误，用词恰当，简敬体使用正确。

译的内容目标：口译时，能在无预先准备的情况下，承担生活翻译；经过准备后，能胜任经济、文化等方面的翻译；忠实原意，语言表达流畅，并能区别各种不同的语感和说话人的心态。笔译时，能翻译用现代日语撰写的各种文章、书籍；借助工具书和注释能翻译一般日文古文。汉译日时，能翻译《人民日报》社论程度的文章，每小时能译400—500字（相当于1000日文印刷符号）。日译汉时，每小时能译500—600字。翻译文艺作品时，作品的预期意境及文体风格与原文基本相符，重要内容正确。

（3）实践教学目标：日语专业高级阶段教学目标还包括毕业论文和毕业实习。

毕业论文的撰写主要是培养学生书面语言的运用能力，掌握论文的写作方法，提高思考、分析和解决问题的能力。毕业考试合格者可以撰写论文。论文的选题要在所学课程范围内；论文要有独立见解；引用观点等要注明出处；字数在6000—8000字。

毕业实习是为了使学生将所学的理论、知识切实地应用到实践中，弥补课堂教学的不足，强化课程所学的知识，提高学生在实践中独立思考和解决问题的能力，为毕业后走入社会做好准备。随着高等教育人才培养质量与规格的改革不断深入，社会对外语人才的需求从研究型转向实践型，为适应社会对外语人才的需求，各高校也在实习实践课程计划、课程类型、课时量、模式、评价体制等方面做了积极地探索，增添了如见习、顶岗实习、海外实践、社会实践等新的模式。有的高校日语专业提出了赴日本半年海外实习的计划；还有高校把日语专业实习实践时间从过去的六周提高到四个月，把这些实习、见习的课程设置在大三和大四的各个学期，分阶段、分目标为学生创造接触社会的机会，搭建语言实践平台。对学生的实习、见习的成绩评定主要从工作态度、业务水平、工作成绩、实习或社会实践报告几方面考核，由实习岗位指导教师和学校的带队教师评价。

第五节　高校日语课堂教学质量提升的途径

一、提高日语教师自身素质

从微观上说，日语教师自身素质的提高是适应时代需求，迎接日语教育、教学改革挑战的首要条件。只有创新型日语教师才能培养出创新型日语人才，因此急迫要求高校日语教师具有创新性的日语教育教学理念和完善的日语知识能力结构。

（一）具备创新性的日语教育教学理念

有人将教师分为两类，一类是用自己的教学方法去筛选自己认为符合并适合该教学方法的学生，这些学生被该教师划分为优等生，同时也筛出了一部分不适合自己教学方法的学生，于是产生了教师心中的不合格生、差生；另一类则是教师将所有学生的特性、特点进行研究分析，然后去寻求符合并适合学生的教学方法，从中筛选并剔除一部分不符合、不适合自己学生的教学方法，进而不断改进教学方法，做到因材施教，培养学生的同时提高自己。显而易见，如能拥有一个如后者一样的教师，可谓学生之大幸，学校之大幸。教师要肯于蹲下身来，从学生的角度看学生的所思所见所想，肯与学生交流，力求探索每位学生心灵深处的奥秘，挖掘每位学生独特的闪光点，使其发光发亮。

具备正确的教育教学理念，是为人师的基本，而创新性的教育教学理念对教师来说无疑是一个更高的挑战。树立创新性日语教育教学理念是为了培养出具有创新意识、创新精神和创新能力的日语人才。当代日语教育已不允许教师停留在单纯地照本宣科的教学上，日语教师的真正价值体现在是否能够激发学生学习日语的自主性，激发学生的日语求知欲望上。必须改变以教师为中心的教学模式，将其转变为一切以学生为中心的教学模式，坚持"学生中心论"这个理念。

现代经济社会以现代科学技术为主要支撑点，所谓的现代科学技术本身就是一种创新，是以创新型综合性人才为支撑点的。这就要求日语教师需以知识和技能的传授为载体，依据日语专业学生的专业特点和个性特征，培养日语专业学生的综合素质和实践应用能力，并根据日语专业学生的个性差异设计多元的评价体系，为日语专业学生的成才和成长创造更好的育人环境，不断地提高高校的教学教育质量。教师认真倾听学生的心声已成为日常教学中的关键，通过启发教育，潜移默化地将学生各自鲜明的个性导向正确的方向是教学工作的重要环节。所谓的创新性不是凭空想出来的，国外不乏众多先进的教育理念，这些都可以成为学习的捷径，我们应取人之长为己用，并在日语教学实践中不断改进，逐步探索出一套自流派的创新性日语教育理念，培养出大量创新型日语人才。

（二）具备完善的知识能力结构

日语知识能力结构可以理解为日语知识结构和日语能力结构的综合。具备完善的知识能力结构是对当代高校教师的高要求、高标准。"满腹经纶"作为一个褒义词如用在教师身上，则是对该教师学问和才能的认同，但教师更重要的使命是"传道、授业、解惑"。专业素养和科研知识只是日语教师所具备的基础能力，其他和日语教育有一定联系的理论积累、学科反思、实践经验等也都是非常重要的资质，以及从事日语教育活动所必须具备的各项业务能力。其中不仅包括富有表现力和说服力的言语能力，能够根据学生的不同情况或意外情况，随机应变的应对能力和因材施教的能力等，在当今国际化、信息化的社会中，高校日语教师还需要具备信息技术能力和其他能力，并且必须树立积极向上的终身学习观，来随时应对未来社会对教师的需求。

各大高校为提高日语专业学生的就业能力,大力鼓励学生参与社团活动,旨在提高日语专业学生的实践水平。对学生尚且如此要求,又何况是教学育人的日语教师呢?随着素质教育观念的提出,"实践能力"日益成为高校教育研究中的又一热点话题。日语教师的知识结构不是单靠自身的学习和刻苦就可以完善的,而是要借助实践活动这一载体进行。日语知识能力结构的完善与综合素质的提高皆源自实践活动,同时体现出实践能力水平。

二、提升日语教学环境整体水平

宏观地说,日语教学环境整体水平的提升是各大高校免于淘汰、赖以生存和发展的基本,也是高校培养创新型人才的核心,是教育教学的生命线。

(一)高质量日语教学团队的培养

高质量日语教学团队的培养是搞好日语教育教学质量的关键,只有优秀的日语教学团队才能教出优秀的学生,才能培养出创新型日语人才。高质量日语教学团队要求每位日语教师都要有前沿的教育理念、丰富的文化知识、熟练的教学能力以及积极进取、不断探索和无私奉献的精神,日语教师只有全心奉献才能创造出优异的日语教育教学成果。

从校方来看,要培养一支优质的日语教师团队,首先需要创造一个良好的育人环境,为日语教师提供走出去学习的机会,一个和谐、奋进、有朝气的日语教学团队的形成,能够使该校的各项工作朝气蓬勃地开展,从而培养出一大批朝气蓬勃、积极向上的优秀创新型日语人才。

(二)良好日语学习环境的营造

高校不仅是一个社会文化的传播者,同时还是一个社会文明的传播中心,是培养创新型日语人才的坚实基地。从校方来说,应该强烈抵御和制止社会的各种不良现象,首先要从学校内部入手,及时准确地做好学生的思想教育工作,加强对学生的管理和控制,增强学生判断是非和自我控制的能力。同时,学校要为学生营造一个良好的学习环境,让学生的兴趣和爱好放在学习上。一个良好的学习环境,一个和谐的校园文化,能够激发校园内每位学生潜能的发挥、特长的展现,使其个性得到全面和谐地发展，有助于培养具有鲜活个性的应用型人才。

（三）社会和家长的支持

作为教育的三大支柱的家庭教育、社会教育和学校教育应相辅相成，互相配合，互相辅助，缺一不可。家长是学生的第一任教师，家庭教育是学校教育的重要补充部分，也是学生身心健康发展的重要因素。随着高校素质教育的不断深入发展，校方应有效地利用社会和家长作为进行教育指导和服务的载体作用，寻求社会和家长的大力配合，使其成为沟通学校教育、家庭教育、社会教育的重要渠道，为提高教育质量发挥功效。

第二章　跨文化交际概述

本章主要内容涉及跨文化交际概述，通过以下三节内容对其进行叙述，其中第一节主要介绍了语言、文化与交际，第二节的主要内容为跨文化交际基本知识，第三节主要介绍了跨文化交际学。

第一节　语言、文化与交际

一、语言

（一）语言的定义

美国语言学家萨丕尔认为，语言是人类所特有的、非本能地使用自发创作的符号系统来沟通思想、表达情感和愿望的交际手段。[1]乔姆斯基在《句法结构》书中指出：语言是一组（有限或无限的）句子，每个句子长度有限，并由有限的成分构成。[2]虽然语言学家对语言的定义在表述上有区别，但都是从语言本质角度出发，大多数语言学家的观点是：语言是用于交际的符号系统。

（二）语言的功能

1. 信息功能

语言反映思维的内容，记载、记录信息，是语言的重要功能。英国语言学家韩礼德的概念功能是信息功能，语言为表达内容服务，内容是说话者自我意识的内部世界。

---

[1] 靳娟. 跨文化商务沟通 [M]. 北京：首都经济贸易大学出版社，2014.
[2] 严明. 跨文化交际理论研究 [M]. 哈尔滨：黑龙江大学出版社，2009.

2. 人际功能

人际功能是语言的社会功能，人们建立并维持在社会中的身份地位。功能语法框架中的人际功能注重说话人和受话人的相互关系，以及在话语中表达的态度，即表明交际双方亲密程度的语气及称呼上的用词等。

3. 施为功能

语言的施为功能，即行事功能，指在正式场合中使用的仪式化的语言，其结果可能改变受话者的命运、社会地位等。例如，婚礼、宣判、祈福等场合中持有话语权的人所说的施为性语言。

4. 情感功能

情感功能既可以体现为改变受话者情感的表达，如赞扬、责骂等，也可以是说话者自我情感的表达，如表示懊恼、愤怒或感叹等。

二、文化

（一）文化的定义

文化，是很多人文学科的研究范畴之一，如语言学、社会学、人类学等。但是，能够对整个人类文化现象进行系统性地全面深入研究的，还是归属为文化学。文化学，就是将人类各种丰富发展的文化现象作为主要研究对象的一个学科，这一学科重点关注的就是人类社会的各种文化现象的发生，这些文化现象各个结构层面以及子系统之间的相互关系与影响，并且在此基础上，还对人类社会的各种文化现象同千变万化的大自然现象之间的相互联系与作用进行深入地探讨与研究。通过这些综合性的深入考察与研究，从而对人类社会的文化整体结构、具体特征以及其在漫长历史演变过程中形成的演变规律进行探索与揭示，以此揭开掩藏在文化现象背后具有共性的文化本质与具有普遍性的规律。当前，文化学已经取得的丰硕的研究成果，为跨文化交际学以及语言文化交际学的研究，提供了学理性的支持，是这两门新兴学科进行深入研究的主要理论依据。

"文化"一词源于拉丁文，其最初的含义包含耕种、居住、练习、留心或注意以及敬畏神灵等方面的意义。从"文化"一词的词汇意义来看，包含的不仅仅有物质层面的文化，还有精神层面的文化。古代人们的思想意识中，由于当时低下的生产生活条件，决定了当时人们在意识中耕种同敬神有着极为密切的关系，而与人们生产生存息息相关的耕种与居住，则共同构成了物质文化的元素。敬神与哲学共同属于形而上的精神层面的文化元素。因此，文化最初的本义指的是土地开垦，此后由对"植物的栽培"的词义引申到对人身体与精神的开发培养，并在此基础上进一步泛指人们的生活方式、思维方式以及人类在征服自然与发展自我的过程中创造的物质财富与精神财富。

"文化"的定义各种各样，从抽象到具体，从现象到本质，还有从物质到精神，难以一言尽述。但是，不管文化的定义有多少，文化所涵盖的相关方面，大学外语教学应将其纳入其中并逐渐渗透到语言文化教学当中，以实现大学外语跨文化交际教学对于跨文化交际人才培养的目标，使语言学习者能够真正在跨文化交际教学中学到所需的文化知识技能。所以，跨文化交际相关方面的知识内容，始终是大学外语教学不可忽略的重要内容。

（二）文化的特征和分类

1. 文化的特征

（1）文化不是人类与生俱来的，而是通过后天努力习得

一个人拥有哪种类型的文化，同他的肤色、种族没有关系，而是由其成长的环境决定的。一个有着中国汉族血统的孩子，从小在外国文化的传统中成长起来，那么，这个孩子所拥有并且接受的就是外国文化的生活习惯、行为方式、饮食文化、思维习惯等等；而一个其他国家的小孩，若是从小在中国的文化传统中长大，那么，他所接受的就是中国文化的思想，其方方面面都会受到中国文化传统的影响。由此可见，文化是人类通过后天的环境与个人努力而习得的，并不是人类与生俱来的。

（2）文化是能够被人类传承发展的，它是属于人类社会的巨大遗产

千万年来，任何一个民族的文化能够被后世继承发展，最主要的是关于这一民族文化信息的主要内容能够得以传承和发展。这是人类文化存在并延续下去的一个关键点。因此，任何一个社会中社会价值观念已经存在了很多年，那么，生活在这一社会中的人们就有责任也有义务将其代代传承发展下去。其中，人类的文化同人类之间的交际又是密切相连的。交际，是使人类文化得以传承延续的主

要渠道。而正是文化的这种传承性，使人类实现了同祖先的对话，将人类的祖先与后代紧密地联系在一起。

（3）文化的基础是文字符号

在人类文化的发展过程中，语言发挥着十分重要的作用。在早期，文字还没有诞生的人类社会中，文化是通过人与人之间口耳相传来得以传承的，人类在社会生产劳动中所获得的经验、知识、信仰、观念等都依靠这种方式得以传承。随着人类社会的发展进步，生产力的发展将一部分人从繁忙的体力劳动中解放出来，得以从事脑力劳动，于是，文字得以产生。而人类文化，在文字产生之后得以用文字的形式记录下来并一代代延续下去，并由后辈儿孙得以继承。文化在人类社会发展中具有传承性，因此，无论是哪个民族或者哪种社会的文化，都不可避免地有其历史积淀的内容，从而表现出一定的历史积淀性。

（4）文化是一个变化发展的动态的过程

文化是一个动态发展变化的过程，不是一成不变的。任何一个民族的文化，不是在真空中发展的，因此，无论哪个国家哪个民族的文化，都是一个变化发展的系统。文化在其传承过程当中，不可避免地会受到来自外部多种因素比如环境、时代因素的影响，以及外部观念变化的冲击，其发生变化是一定的。具体来说，文化通过三种机制产生变化，即文化革新、文化渗透、文化移入。

（5）文化的整体性

文化是一个系统的、具有整体性的体系，一个部分或者因素的变化必然影响到其他部分、环节的改变。

（6）文化具有一定的适应性

任何一个民族的文化，都有其非常强大的适应能力，否则，就不会在千万年岁月传承中延续发展。无论是哪个民族的文化，都有着很强的调节适应能力，以此来不断改变自我来适应时代变化的需求，跟上新的形势。

（7）文化是社会成员所共有

人类的日常行为方式，只有在其发展过程中有了一定社会普遍性，才能够被称为"文化"。若只是某些个人所掌握的行为方式，并不能为社会大多数成员认可并执行，则不能被称为"文化"。例如，在中国传统中，社会中人类群体多习惯于用筷子来吃饭，并且以面食与大米作为主要的食物，因此，这就构成了我国传统文化中的饮食文化传统。也正因此，我们才能够将其作为一种文化来界定探讨。如若只有一个中国人，在日常的饮食中不喜欢吃米饭或者面食，而是喜欢以鸡肉作为主食，那么，这个人的饮食习惯是不能构成饮食文化的，这只是属于他个人的饮食喜好。

2. 文化的分类

文化的各个构成成分呈现出了较为复杂的特征，其中既包括具体可见的"实体性的文化"，又包含着抽象的"概念性文化"。因此，这样复杂的文化构成决定了文化分类的多样化。其实，从文化分类的实质来看，是对构成文化的各个要素以及各种成分进行分类。学术界关于"文化"的分类最主要的有狭义与广义两种分类方式与标准，此外，又增加了知识文化与交际文化的分类方法和标准，对此我们将进行具体的论述。

（1）狭义文化与广义文化

当前学界根据文化所具有的层次与范围对文化进行了所谓狭义文化与广义文化的区分。所谓的"狭义文化"，指的是人类精神生产能力与精神劳动相结合的产品，可以囊括人类社会的一切社会意识形态特征，这一层面的文化主要构成人类精神活动与思维活动所能够共同创造出来的精神财富的总和。具体来说，所谓的狭义文化分类内容中包括语言、哲学、文学、美术、音乐、宗教等。同狭义的文化分类相对应的就是所谓的"广义文化"。广义文化，具体包含了所谓的物质文化与精神文化两个层面的含义。同哲学关注的重点问题不同，文化学所关注的物质文化与精神文化，是没有区分先后的。文化学所关注的重点仅只是对物质与精神性的产品的研究探讨。准确地说，广义层面的文化学，指的是有关人类在社会生产实践劳动过程中包含的物质生产与精神生产的能力以及物质与物质产品所有的总和。其中，一个民族的物质文化，在整个民族文化中代表的是这个民族在某一个特定的时间段内物质生产力所达到的生产水平。例如，东方文明中所谓的旧石器时代、新石器时代、青铜器时代等，就是对原始人类当时特定的生产时期社会生产力所达到的水平的最好概括与标志性阐释。

（2）知识文化与交际文化

知识文化与交际文化的分类标准，是以文化在教学过程中具有的功能与作用作为基础的。交际文化与知识文化都是以跨文化交际为主要理论基础。用这一组相对应的概念对大学外语文化教学中的文化因素属性进行考察探讨，相对比较容易也比较客观。其实，没有参与到交际中来的文化因素的存在，彼此之间的相互区别只不过是阶段不同、层次不同、场合不同以及交际方式不同。知识文化因素，参与到交际中的方式是以其所具有的知识文化的内容方式来决定的，而交际文化因素，参与到交际中的方式则是以其对信息的制约模式来决定的。

（三）文化的表现形式和作用

1. 文化的表现形式

一种文化系统的内部往往呈现出不同的姿态。美国学者克鲁伯和克拉克洪将文化分为外显文化和内隐文化。人们只有真正理解了内隐文化才能理解文化的本质。

文化是一个大范畴，广义的文化包括人类改造过的自然或自然物和政治、经济、艺术、哲学、宗教、民俗、心理等社会生活的各个方面，它可以分为实物、风俗习惯和制度、思想产品和心理意识等多种层次。根据文化可以被广义地定义为某一特殊社会生活方式的整体，可以有罗马文化、阿拉伯文化、华夏文化等。同时，这一整体中的部分，因为能够体现该文化的特色也可以被称之为文化。

2. 文化的作用

（1）文化的社会作用

文化是一种精神力量，在人类认识世界、改造世界的过程中，文化可以转化为物质力量，对民族、社会的发展产生深刻的影响。先进的、健康的文化对社会发展产生推动作用，落后的、腐朽的文化对社会发展起着阻碍作用。

文化对人类与社会也有其他方面的功能。从广义上说，文化提供了人类社会用以维持自身系统的三大要素：结构、稳定与安全。从狭义而言，文化的功能在于提供给社会成员一个施展物理、心理与语言作用的情境，指一群人日常生活的环境。

（2）文化的教化作用

文化通过其中蕴含的知识体系、价值观念、思想信仰和行为规范等规范人们的行为，使人们有效地适应社会环境和社会关系，在行为上与社会要求保持一致，尤其是在思想信仰和价值观念方面与社会要求保持一致。

（3）文化对经济的作用

文化能推动经济、凝聚人心、振奋精神、更新观念、开阔视野、提高素质，从而推动经济发展。

（4）文化对个人的作用

文化可以启蒙心智、认识社会、教化思想、愉悦身心、陶冶性情，使人获得精神上的满足和依归。优秀文化能够丰富人的精神世界培养健全的人格，引领人们前进，激发人们的精神力量，促进人的全面发展。

三、交际

（一）交际的定义

交际，最基本的理解就是发生在人与人之间的一种行为来往与信息交换的过程。关于交际的定义，其实很多的学者，都从各自的学术角度提出了自己的观点与看法，并尝试着对"交际"做出自己的学术界定。目前来看，关于交际的最基本界定，大致可以分为两个派别，一个派别是"说服派"，其主要观点是：交际是信息传递者通过所传递的信息对信息接收者产生影响的一个行为过程；另一个派别是"共享派"，其主要观点是：交际是一个信息共享的行为过程，就是将少数人享有的信息被多数人共同享有的一个行为过程。在跨文化交际中有意向的交际占多数，但仍存在无意向的信息交流。如在不了解对方风俗习惯的情况下，只根据自己的经验与对方交际，可能会引起消极效果。因此，跨文化交际中的"交际"可定义为信息发送者与信息接收者共享信息的过程。

（二）交际的特征

1. 交际是一个不可逆转的过程

我们在这里所说的"交际是一个不可逆转的过程"，指的是交际只要发生了，就必然会是一个完整的活动，根本就没有被收回来的可能，也就是我们所说的"交际的不可逆转性"特征。举个简单的、在日常生活中经常发生的例子来说，一个人，一旦说出了某件事或者是某些话，这些话被交际的另一方听到，并且还很可能被听话者赋予说话者根本没有的意义。但是对说话者来说，却是没有收回已经说出的话的可能。

2. 交际具有符号性

符号是人类社会在生产实践过程中产生出来的，并用于人类社会交际传达信息与意义的媒介。在人类社会交际行为中，符号承载着交际双方要传递的信息。这一符号，可以是语言性的，也可以是非语言性的，甚至可以是任何能够代表一定意义、承载交际双方所要传递的信息意义的词语、行为或是物体。作为信息传递符号的创造者，我们可以骄傲地说，这是人类独有的一项能力。自然界的其他动物也在进行着交际，但是，这些动物根本不具备创造一套意义信息符号作为交际载体的能力。动物之间发生的交际行为与人类的交际行为不同，它们之间没有符号载体作为交际信息传递媒介。人类交际过程中使用的符号具有一定的主观性。任何一个民族在交际时，必然有着这一民族的语言群体在交际过程中形成的符号系统。但是，不同的民族，赋予这些交际符号的意义是不尽相同的。从语言学的理论观点来看，符号及其所代表的、被人类赋予的含义之间的关系是任意性的。

3. 交际是一个系统的过程

交际的发生不是一个孤立的过程，而是在诸多因素作用下发生于一个庞大的系统中。在这个庞大的系统中，具体包括交际发生的场景、场所、场合、时间以及交际人数等诸多因素。

无论哪种形式的交际必然有其发生的特定场景。交际双方在交际中运用的语言以及行为举止，都同交际发生的特定场景或是语境有着紧密的关系。甚至可以说，交际双方在进行交际时所用到的，并且需要交际双方遵守的交际规则，很大程度上就是由交际场景或是交际语境来决定的。此外，在进行交际时，除了语言行为的得体性之外，交际者的服饰、装扮以及话题的选择等，都要同交际的场景相契合。例如，在一些重要的会议场合，不管天气如何，参会的男士一般都会穿西装打领带，这就是交际场景对交际者服装选择的限制作用。

而且，交际发生的场所在某些程度上也影响着交际双方的言谈举止，对交际双方的言行进行一定程度的规定。例如，一个人在礼堂、饭店、学校这些不同的场所，交际中所发生的言行举止将呈现出很大的不同性。一个人的交际行为，不管怎样，无论是有意识行为，还是无意识行为，都与深深根植在大脑中的民族文化有着密不可分的关系。在交际行为的背后，民族文化起着决定性作用，影响着交际者交际行为的选择。而任何一种民族文化中所规定的交际行为模式不尽相同，它们有着各自的民族特色。

在交际影响作用的诸多因素之中，时间是最不明显、最容易被交际双方忽视的一个因素。可是，无论是哪种场合情境中的交际行为，却都是必然发生在某一时间内的交际。例如，一些正式场合中的演讲，同我们日常工作生活中发生的谈话行为，所用到的时间长度是不相同的。要明白，时间有时也是人们之间发生交际的一种行为。例如我们为了工作方便用到的备忘录、时间表等。使用时，我们就会感觉到来自时间的紧张感与紧迫感，从而产生一定的压力。在交际过程中，参与到交际活动中的人数因素，也会对交际的过程产生一定的影响作用。最为简单鲜明的例子就是，当一个人讲话时，他所面对的对象是一个人或者是一群人的时候，心理感受与行为方式必然是不同的。

4. 交际是一个自省的过程

在交际的过程中，交际双方不仅仅利用交际符号系统来实现自己的交际目的，例如对发生在自己周围的事情与人物进行必要描述与思考，同时，还会通过这一套交际符号系统对自己交际过程中的行为举止进行反思。交际符号的这种特性，使交际者在交际过程中同时扮演了交际执行者与交际观察者两个不同的角色。也正因为交际的这一特征，才使交际者在交际过程中，能够及时对自己的交际行为进行观察，并且根据交际需要，随时进行交际行为与语言的调整。那么，从这个角度对交际行为进行观照，我们可以将交际过程看作是一个交际者不断进行自我反省与调整的过程。例如，在一些语言群体的民族文化中，人们对于自己在交际中的行为举止习惯性地给予更多的关注。因此，当交际发生时，这一语言族群中的交际者就会花较多的时间与精力来关注自己在交际中的行为表现。但是，也有一些语言群体习惯于对交际对象的言行举止给予更多的关注，那么，尽管他们在交际过程中会对自我交际行为有所自省，但他们愿意花费更多的时间与精力来关注交际对象的言行举止，而不是对自己在交际过程中的言行举止给予更多地关注。

5. 交际是一个交际双方交互的过程

交际的"交互性"指的是所有参与到交际过程中的人都在共同发挥着作用，共同为意义的创造与保存而努力发挥着自己在交际中应有的作用。

根据交际发生的时间不同，交际有着过去发生、现在发生以及将来发生之间的相互区别。当然，交际者在交际过程中，对某一种情境产生的反应与感受，也会因为交际者自身经验、情绪与期待的不同而受到很大影响。例如，在交际过程中，若是我们对交际对象比较熟悉，在过去就有过交际，那么，最容易发生的事情就是根据过去对交际对象的经验认识对即将同交际者发生的交际进行判断预测。与此相对应的，对于未来的交际期望，也会影响到现在发生的交际行为。例如，若是期望在未来交际中同现在的交际对象保持友好的交际关系，那么，在当下发生的交际过程中，对于自己的一些不当言行举止，就会及时做出反应与调整，以便将来交际顺畅。

6. 交际发生在特定的语境中

任何一种交际都有其特定发生的语境。这一交际发生的语境，可能是社会性的，也可能是物理的，还可能只是一种交际的人际关系。

在此其中，所谓的交际发生的"物理语境"，指的是交际行为发生的真实地点。可能是户内，也可能是户外；可能是吵闹的环境，也可能是安静的环境；可能是公开的公共场所，也可能是私人性的会所；可能发生在阴暗的环境当中，也可能是发生在明亮阳光的场所中。

所谓交际发生的"社会语境"，指的则是交际发生时各类不同的场合，比如婚礼、葬礼、课堂等。交际发生的社会语境不同，对交际双方的言行举止也有着不同的要求与规定。例如，在一些国家的文化礼仪中，婚礼上只有新娘才可以穿白色的礼服，若是其他的宾客有穿白色衣服参加婚礼者，则会被看作对新娘的不尊重，是一种非常不礼貌的交际行为。再比如，上课时，大家都应该遵守的规则就是安静，若是在课堂上没有经过教师的允许就随意交谈，则会被看作是非常不礼貌的行为，这是对教师的一种不尊重行为。恰恰与此相反的是，我们在观看体育比赛时，要求观赛者大声呐喊助威，这样才符合比赛的氛围与场合。

所谓交际的人际关系语境，指的则是交际双方在交际发生时所处的社会人际关系。交际者对身处不同社会交际环境中的人的行为期待是不同的。例如，即使在课堂校园之外教师与学生之间发生的交际，也与同学间或者朋友间的交际行为不同。另外在同事之间发生的交际行为、与家人之间的交际行为、熟人之间的交际行为，从言谈举止到所选择的话题，都是不尽相同的。

第二节 跨文化交际基本知识

一、跨文化交际的概念

"跨文化交际"的概念可以这样界定：在特定的交际情景中，具有不同的文化背景的交际者使用同一种语言（母语或目的语）进行的口语交际。[①] 它包含以下几个要点：交际双方必须来自不同的文化背景；交际双方必须使用同一种语言交际；交际双方进行的是实时的口语交际；交际双方进行的是直接的言语交际。

二、跨文化交际的学科背景

（一）文化语言学

文化语言学是从文化学角度对语言进行研究。它把语言看作民族文化的模式和构成民族文化的符号系统，旨在揭示隐藏在语言形式、语言结构、语言运用和语言变化背后的文化内涵。在文化语言学家的思想中，人类的文化世界也就是语言世界，语言与文化有一种"互塑互动"的作用，要想透彻了解语言的文化属性、语言的文化功能以及文化对语言的影响，就必须深刻揭示语言与文化的关系。因此，语言与文化的关系是文化语言学研究始终关注的焦点，也是文化语言学的研究对象。

跨文化交际研究中关于民族文化的阐述，关于文化与语言的关系的阐述，很多都来自文化语言学的研究成果。不过文化语言学的研究通常侧重某种特定民族文化和某种特定语言之间的关系，而不关注跨文化、跨语言的研究，这个领域正是跨文化交际研究的领地。

（二）社会语言学

社会语言学是研究语言与社会关系的一门新兴学科。它从不同的社会科学（社会学、人类学、民族学、心理学、地理学和历史学等）角度来考察语言，进

[①] 阮桂君. 跨文化交际 [M]. 武汉：湖北教育出版社，2011.

而研究在不同的社会条件下产生的语言变异。"不同的社会条件"是一种变素，而"语言变异"也是一种变素，因此我们可以把社会语言学看成是研究社会与语言共变的一门学科。

社会就是以共同的物质生产活动为基础而相互联系的人类生活共同体，是人们交互作用的产物。这个定义揭示了社会的本质属性。但从社会语言学的关注点来看，我们可以把社会定义为任何为某种或多种特定的目的而结合在一起的人的群体。这个定义比较宽泛，涉及面也比较宽广，但是很有用。因为在讨论社会语言学时必须考虑到多种多样的社会、多种多样的社会集团。在中国历史上，除了较早时期以外，"社会"这个概念始终是与集团有关的。对于社会学家、政治学家和历史学家来说，他们或许关心的是社会的本质属性；但对社会语言学家来说，关心的是它的群体性和集团性。

语言是一个特定社会的成员所说的话，这个定义是简明扼要的，但又是不完整的。当我们试图去描写一个社会的语言时，能拿来讨论的"语言"这个概念本身就有问题。语言不是为人类世界原已存在的种种事物增设标志或名称的单纯汇集，每一个社会集团都生活在多少不同于其他社会集团的社会中。这些差别既反映在言语社会的文化组成成分中，也反映在它们的语言系统中。有时候，一个社会是多语的，许多人会使用不止一种语言；而同一个人，几乎毫无例外地会随着环境的变化而调整自己的语言。

语言和社会不是各自独立的，它们之间存在着错综复杂的关系。语言是在特定的交际环境中历史性地形成的。它既起源于物种的个体发生，也起源于全人类的进化和每个人的生命史，还起源于社会交际行为。语言和社会的关系是辩证的，语言是人类通过交际来应付生活、应付世界的前语言和原始语言这个序列的产物，因此语言与社会的关系的研究将把我们引入一个广阔的研究天地。

（三）言语交际学

言语交际学是研究言语交际现象及其规律的学科，是一门语言学分支学科。言语交际学的出发点和落脚点是语言的使用，它研究语言用于交际的动态形式，揭示其语用规律，因此它从一开始就是站在语言科学阵地上来考察言语交际现象的。

语言学界已经取得这样的共识：人们用来互通信息、交流思想的语言，是人类社会所独有的一种特殊社会现象。这种特殊性就在于语言是专门用来交际的，语言的生命力和存在价值就在于交际。离开了人们的社会交际，语言既不可能产生，也不可能存在和发展。"语言是人类最重要的交际工具"这个定义就是着眼于语言的社会本质，从交际功能的角度做出的科学概括。语言的社会实践，就体现于言语交际活动中；语言的交际功能，实际上是一种社会功能，这是它的基本功能，其他功能都是由此而派生出来的。言语交际学正是抓住语言这一社会现象的特殊性从交际的角度来研究语言，而不是把语言以外的其他社会因素列为研究对象，即使涉及有关社会因素，目的还是在于考察这些因素对言语交际所产生的影响，主要是对语言进入交际以后在结构和功能上所产生的影响。

三、跨文化交际的有效性

不同文化背景的人之间常常发生着各种跨文化交际行为，交际双方有时是推心置腹的言语交谈，有时是唇枪舌剑的言语的交锋，有时是表情手势的非言语交流。这些交际行为的效果往往是不一样的。交际是一个交换信息，并赋予其意义的过程。对所交换的信息，双方要各自进行编码和解码，也就是各自对此信息赋予意义、给出解释。信息的发出者和接收者进行的上述潜在过程要做到完全一样，即使是具有相同文化背景的两个人也几乎是不太可能实现的，而跨文化交际因其跨文化的特点就使得这种完全相同的意义赋予更难以实现。

交际效果取决于交际双方在多大程度上对交换的信息赋予了相同的意义，也就是能在多大程度上排除误解。误解固然是存在的，成功的交际者会设法将其降到最低限度。因此，交际效果不是平常所说的是否理解了对方的意思和表达出了自己的意思，而是多大程度地分享了信息和多大程度地降低了误解。

总之，有效的交际不是通常意义上"达到目的的交际"或"达成一致的沟通"，即使是一方拒绝了另一方的要求，但双方对对方的意图清楚无误，交际就是有效的。而要做到有效的交际或改善交际效果，最根本的就是要培养跨文化交际能力。

第三节 跨文化交际学

现代化交通和通信促进了各国人民的频繁接触，这一切使得语言学习的重要性空前提高，而外语地位更是迅速上升，在许多场合充当着国际语言的作用。与此同时，人们也发现只懂得语言并不能解决所有的交际问题，文化是一个不容忽视的重要方面。不同文化背景的人进行交际，经常遇到各种矛盾。专门研究这类矛盾与问题的学问就是跨文化交际学。

一、跨文化交际学的产生

跨文化交际学是一门新兴学科。跨文化交际学首先在美国建立和发展，这有其必然的客观因素。首先，美国是依靠移民发展起来的国家，国内各种族、各民族都有自己的文化，他们互相交往势必会遇到由于文化差异所产生的问题。其次，美国与各国交往甚多，不同国籍的人们之间的交往成为每时每刻都在发生的事情。

此外，美国每年接纳数以万计的各国留学生，数以十万计的移民。在这些广泛的交往中文化差异问题日益突出。为了研究如何解决由于文化差异造成的种种问题，在对文化人类学研究很有基础的美国，跨文化交际学应运而生。

跨文化交际学是社会对外开放后人际交往频繁，由此产生文化冲突研究的产物。在跨文化交际学形成初期，语言学、人类学、社会学及心理学等以各自的观点对其进行分析并提出避免文化休克的见解，促进了跨文化交际学理论基础的形成与完善。

二、跨文化交际学的研究方法

跨文化交际学具有多学科性质，对它影响最大，与它关系最密切的有四门学科，即文化人类学、社会心理学、社会语言学和传播学。不同学科的学者在研究跨文化交际时所取的角度不同，研究方法上亦有差异。文化人类学家采用实地调查的方法，搜集丰富的材料，然后对材料进行分析，对不同的文化模式进行详细地描述，并试图进行解释。

美国学者波特（Potter）把影响交际的因素分成八个变项：态度、社会组织、思维模式、角色规定、语言、空间的使用与组织、时间观念、非语言表达。后来，波特与萨莫瓦尔又把这八个变项合并成三个方面。

（1）观察事物过程，其中包括信念、价值观念、态度、世界观及社会组织。

（2）语言过程，其中包括语言及思维模式。

（3）非语言过程，其中包括非语言行为、时间观念和空间的使用，使之更具有概括性。如外国一些大企业，知名度很高，产品品牌很响，但还为之大做广告。他们的信念是：产品越宣传、知名度就越高；知名度越高，就越能吸引买主，也就越能赚钱。我国的大企业却不一样，他们认为"酒香不怕巷子深"，卖不出去的东西才做广告，销路好的产品就用不着做广告。这一点反映了外国企业家和中国企业家对商业价值观或广告价值观的不同看法。

三、跨文化交际学的重要性分析

跨文化交际的研究，可以拓宽语言研究的领域，把视野转向广阔的文化层面。语言和文化是密不可分的，语言既是文化的载体，又是文化的一个重要组成部分。语言的应用受到文化体系的影响和制约。因此，要掌握两种语言，必须掌握两种文化。只有跨越目的语国家的文化障碍，才能做到交际的得体与妥当。

跨文化交际并不是一个简单的过程，仅仅学会一门外语的语音、语法规则和掌握一定量的词汇并不意味着能顺利地进行交际。在跨文化交际中，交际的双方若不能进入同一文化背景之中，就容易产生误解，甚至直接导致交际失败。因此，研究跨文化交际学以及探索培养学生跨文化交际能力的途径，对提高大学生外语交际水平，适应未来社会对外语人才的需求是极其重要的。语言交际教学法的语言理论基础是：它把语言当成是交际。既然语言是交际的一种手段，那么教师就有责任提高学生的跨文化意识，培养其跨文化交际能力，让学生在学习语言基本知识的基础上，学会了解目的语国家的文化背景、风土人情、价值观念和生活方式，达到对其了如指掌、运用自如的目的。所以，我们在大学外语课堂教学中应该采取必要的手段来提高学生的跨文化交际能力。

第三章 高校日语教学与跨文化交际的融合

本章主要介绍高校日语教学与跨文化交际的融合，共分四节进行阐述，分别为中日跨文化交际中语言的相互影响、跨文化视角下的日语交际规则、高校日语教学中的跨文化教育以及存在的问题、高校日语跨文化交际教学的理论分析。

第一节 中日跨文化交际中语言的相互影响

一、跨文化交际中汉语对日语的影响

日本人在创造自己独特语言体系的过程中，很大程度上受到了汉语的影响。汉字是日语的重要组成部分，而"假名"是日本人在汉字基础上创造的，汉字的偏旁部首成为"假名"的主要来源。此外，日本的"国字"也出于"六书"，可见汉语对日语的影响之大。

（一）汉语对日语体系的影响

现有的日语体系有四个重要组成部分，即外来语、汉语、和语、混合语。外来语在书写时一般采用片假名，主要来源于欧美国家；混合语一般由外来语和汉语结合而成；汉语则来源于汉字词汇；和语来源于日本的固有词汇。[①]

1. 创造了片假名和平假名

早在公元4世纪，汉字就已经传入日本，并很快得到日本人的认可，迅速流行和发展。7世纪时，日本人用汉字记录了日本国一些重要的事迹和典籍，《日本书记》《古事记》等典籍中有大量汉字即为明证。汉字刚进入日本时，书写非常复杂，而且所有词汇都由汉字组成。直至万叶假名出现，汉字在日语中的书写才

---

① 阎志章. 汉语对日语的影响 [J]. 科技资讯，2008（11）：175，177.

变得较为简便。不过汉字在假名中已经没有原来的意义，而只是作为一种符号存在。万叶假名也是真假名，因为其字形为真汉字。日语的假名起源于真名，具有义、声、形。后来日本人为了能够更加方便地使用文字，就对文字进行拆分，把汉字的草书体和偏旁部首拿出来，简化和整理之后形成了片假名和平假名。从此，日本国开始拥有自己的语言。

2. 丰富了日语音节

由于汉语的影响，日语音节在训读和音韵两个方面发生了变化。一方面，日语的音韵由于汉语读音的影响，发生了较大变化。在汉语的影响下，日语出现了音变、拗音、浊音，出现了「ラ」行的音。另一方面，在汉语的影响下，日语出现了训读，而不再采用日语固有的音。目前，日语中采用训读方式的字非常多。有的与汉字拥有同样的意思，有的则意思不同。

（二）汉语对日语词汇构成的影响

1. 国字

日本在吸收汉字的过程中，常常会遇到一些比较难或者日本特有的概念。在这种情况下，汉字无法加以表达。于是日本人从实际出发，发明了国字。虽然国字是由日本人创造的，但其构成基础依然是汉字。从这个含义上说，国字是汉字的组成部分，补充了汉字的一些概念和事物。日本人在创造国字时，一般采用会意的方式，例如，「辻」表示十字路口比较多。

2. 和制汉语

随着日本对外交流的不断加深，外国的很多新词汇进入日语当中。日本人对外国的新词语进行新的理解，从而创造出新的词汇，这种新的词汇被称为"和制汉语"。随着中国与日本交流的加深，和制汉语进入了中国。

3. 抽象名词

日语在吸收汉语词汇的过程中，吸收了大量抽象名词，从而大大丰富了日语的表达。

（三）汉语对日语语言文化的影响

1. 对日语语音的影响

在三国时期，中国南方地区流行的吴音传入日本。唐朝时期，普遍存在于中国北方的汉音传入日本。日本镰仓时代，主要存在于杭州地区的唐音传入日本。目前日语中的汉字读音主要有三种形式——唐音、汉音、吴音，如「明：みよう／みん／ぬい」。在当前的日语读音中，采用汉音的读法频率远比吴音大。

2. 对日语成语及习语的影响

日语和汉语具有非常紧密的关系。一方面，日本人在引入汉字时，保留了汉语成语及习语的部分表达方式，导致一部分汉语成语仍然在日语中广泛使用，如"自由自在"等。另一方面，日本人根据汉语创造了一部分成语或习语，如根据汉语中的"情人眼里出西施"创造了「面夕の楊貴妃」。

3. 对日语词汇数量的影响

日语体系诞生之前，日语自身的词汇数量非常少，很多概念无法用日语表达。鉴于这种情况，日本人把汉语中的很多抽象概念引入日本，用来补充日本词汇。因此，汉语在很大程度上增加了日语词汇的数量，使日语词汇变得更加丰富。

4. 对日语表达方式的影响

在修辞手法上，汉语和日语有一定的相似之处。中国文化一贯没有严格的推理形式，反而追求一种笼统的思维，用全局的观点看待事物。这种含蓄的表达方式影响着日语的语言结构表意，导致后来的日语表达也非常追求情感，具有含蓄和淡化逻辑的特点。

二、跨文化交际中日语对汉语的影响

随着日本不断学习其他国家的科学，日本人把哲学、政治、经济等领域内的很多词汇用汉字翻译出来，而中国人非常容易理解和吸收这些词汇。因此，日语开始对汉语产生影响，并且随着社会的发展，这种影响逐渐显现和扩大。

（一）丰富了汉语体系

日本人在创造日语体系的过程中，不断学习其他国家的文化和文字，并把很多西学词汇引入日语体系，这使得日语中的西学词成为扩充汉语词汇的首选。当日语中的西学词进入汉语体系之后，汉语句子在一定程度上得以加长，汉语的词义得到丰富。

（二）对汉语语法的影响

日语传入中国之后，在一定程度上丰富了汉语语法。例如，汉语语法中有"正在……"的说法，但随着日语词汇的不断流入，这种说法已逐渐被"……中"替代，从而出现了"手术中""上课中""修理中""营业中"等说法。如今我国的部分城市还出现了类似的条幅，如"由于道路积水，道路两旁的大部分门店都已关闭，只有少部分正常营业中"。

（三）渗透汉语词义

日语对汉语词义的渗透非常隐晦，虽然我们并没有觉得汉语的意义与之前有何变化，但由于日语借词的影响，汉语的词义正在潜移默化地发生变化。例如："屋"在日语中是店铺或房子的意思，而在汉语中只有房子的意思，当日语词汇进入中国之后，日语词义对汉语词义产生了影响。中国的很多城市街道中出现了"发型屋""咖啡屋"等词汇，这些词语中的"屋"就是店铺的意思。

（四）汉语同化日语借词

一门语言会或多或少地影响所接纳的外来词，这种现象叫作语言的"同化"，在汉语语境下可认为是"汉化"。无论是来自西方国家语言的外来词语，还是近代经历了"再诠释"的日语借词，都受到了汉语不同程度的同化。汉语（特别是现代汉语）旺盛生命力的表象之一在于，它在接纳外来词时，往往会自发地从各个方面进行一番改造，让这些词汇更适合本土语境的习惯和理解，包括语音转换、语法转换、词汇转换等，远远不停留在单纯的照搬层面。在通话过程中，源于无关语言的词汇也能够非常自然地适应现代汉语的特征、结构、语言逻辑等，最终成为普通话中的固有成分。

我们之所以要分析日语借词的"汉化"变迁，不仅是为了理解日语借词进入汉语后受到影响的形式，通过语言生存和发展的规律更好地掌握其用法；更是为了深入地理解汉语的性质和影响能力。

当今汉语普遍使用的日语借词，相当一部分都是日语汉字词。尽管这些词本身的字形已经很接近汉语的本土词汇与单字了，但依然受到了汉语诸多方面、不同层次的影响，这种影响会在语音、词法、词义、字形等方面体现出来。

首先，一些字的字形有了变化。我们都知道，日语中的"汉字"（漢字）和现代汉语用字（甚至是繁体字）是不一样的。究其起源，日语汉字词所用汉字大体上都是古代中国传入的文字，也有少部分依据汉字笔画和六书原理"再创"的新汉字，这就是所谓的"日本国字"。在传入日本之后，古汉语汉字在漫长的历史进程中产生了巨大的变化，与此同时，中国本土的文字也经历着久不停止的客观变迁与主观改造。近代，当这两者再次大面积交融时，当然会面临种种习惯和理念上的冲突，并迎来磨合、适应的过程。由于其起源和形成过程的特殊性，日语汉字的构成对于拥有固有汉语语言习惯的人来说，可能显得有些混乱，因为其中既有简体字也有繁体字。

中古时期，被日语所采纳的汉字基本是繁体汉字，传入日本后有相当一部分一直保持着原先的写法。简体字在大陆地区推广之后，再接受这些"出口转内销"的词语，就需要在繁体字与简体字之间做出权衡，最终，日语汉字词中使用的繁体字被现代规范汉字中的简化字所取代，例如：「競走」的「競」被"竞"替代，「内閣」的「閣」被"阁"替代，「公権」的「権」被"权"替代，「輸出」的「輸」被"输"替代，「企業」的「業」被"业"替代，「労働者」的「労」「働」被"劳""动"替代，「悲観主義」的「観」「義」被"观""义"替代。

而且，古汉语繁体字在传入日本后，也不可能保持一成不变，日本人同样对其进行过简化。也就是说日语一样存在简化字。中日汉字中的简化有同有异，如汉语中的简化字"会""回""礼""台""国"等和日语的简化字写法是一样的，但日语中的简化字，如「図」「芸」「価」「伝」「広」等，在汉语中就没有对应了，同样会被汉语简化字代替，「図書館」写成"图书馆"，「芸術」写成"艺术"，「評価」写成"评价"，「伝染病」写成"传染病"，「広告」写成"广告"。

其次，很多借词的读音都不同于原先的日语读音。日语汉字词是有自身独立的读音系统的，"音读""训读"都是不同于现代汉语汉字的独有语音体系。所以，即使是写法和含义非常相似的中日词汇，也会有不同的读音。细究个中的差异原因与改变程度，可以发现日语汉字词在传入汉语时的读音变化有以下几种原因。

日语训读汉字词读音的彻底改变：训读汉字词本身源于"原始"日语的读音，与汉语的汉字读音没有关系，仅仅起到书写标记作用，成为汉语借词后当然也会被汉语语音彻底替代。如「手续」（tetuzuki, shǒuxù）「读物」（yomimono, dúwù）。而因为部分日语词汇读音还和古代汉语发音有关，所以在现代人听来，因为"历史的遗留"，似乎某些语音还有相似之处，如「自由」（jiyu, zìyóu）「干事」（kanji, gànshì）「投机」（touki, tóujī）。

音读词和训读词在成为汉语借词之后，音节和音素也会发生改变，而且这样的词汇实际上占了大多数。如「腺」（せん）读作"xiàn"，音节由2个变成1个；「和服」（わふく）读作"héfú"，音节由3个变成2个；「目的」（もくてき）读作"mùdì"，音节由4个变成2个。至于音素的改变，大致有辅音改变、元音改变、两者都改变三种情况，如「规范」（kihan, guīfàn, 辅音不同）「静态」（seitai, jìngtài, 元音不同）「身份」（mibun, shēnfèn, 辅音元音都不同）。

另外，很多借词的词性和原词相比也发生了变化。当日语词汇流入汉语语境之后，受到汉语习惯的影响，原有的词法被改变了：有些词尾带有表词性或语法关系的假名的词被改变了，词尾脱落。如"写手"一词，来源于日语词「書き手」，即以文字写作为业的人。这个词的词源是动词「書く」（书写、写作），在名词化之后写作「書き」。「書き手」最终成为"写手"，经过了两次改写，首先，表示名词词性的平假名「き」被去掉了；然后，因为"书"在这个词里还延续着古时候汉语的词性（动词），意思是"书写""写作"，而该字在现代汉语（起码是日常化的语境中）中已经没有动词意义了，成为一个纯粹的名词，所以用现代汉语中表示对应含义的"写"字来代替；最终，"書手"被改造成了"写手"，这就是从日语词向汉语词的转化。另外，从"书"到"写"的变化还涉及字义的改变。

有的动宾结构发生变化，有的词尾出现脱落现象，有的词素发生变化，有的词长发生变化。

最后，部分词的词义当然也有了变化。当日语借词流入中国之后，日语借词的汉语与之前的意义发生了一定变化，有的范围被缩小，有的仅仅保留一部分，大部分借词的原有词义不复存在。例如，在日语中，用「販売」形容买卖，是一个中性词；在汉语中，该词仍然是一个中性词，不过人们在使用这个词时往往带有贬义色彩。

（五）丰富了汉语词素

"词素化"指的是一个词语和它的意义之间的分离，这种分离使得词语能够更有效地表达句子的意思，以及增加在构建句子中使用它们的可能性。

有些日语词汇在融入中国本土语言时，最初含义并没有显著的变化，不过，受到日语中的汉字和汉语用语习惯之间异同的影响，这些词语在被更多人使用和理解的过程中不可避免地出现了同原意之间的区分，含义发生了一定变化，并且还以特定的词素为中心在中国演变和普及，在现代词汇中衍生出了许多新的说法。

虽然如今人们都非常熟悉"～族"（有某种突出共性的人群，如"月光族"）"～屋"（用来开展特定事务的场所）"卡拉OK"等词汇，但相当一部分人未必了解，这些说法来源于改革开放之后随经济与文化交流传入中国的"日源新词"。"族"字在日语中是词，也是词缀。作词缀时表示"具有某种共同属性的一大类"，而且带有"族"字的复合词一般是含贬义色彩的，构成的复合词也不多。但显然，在被汉语使用者采纳和推广后，"族"发生了不小的变化。

这里尤其值得一提的是"宅"字在日本语境中最初的含义和其在中国流行文化中的演变：被称作「お宅」（中文对其的翻译通常是"御宅族"）的这一人群即使对于作为发源地的日本来说也是一个新生群体，是20世纪后期才出现的一种社会现象，其产生与演变过程和日本当时的特定社会环境、经济发展程度、文化科技、思想风气等国家特征息息相关。20世纪五六十年代，日本本土经济发展程度和速率都达到了前所未有的高峰，各种现代常用家电的普及大大提升了国民的生活水平，人们的精神追求也随之增长，各种文化产业由此而生，如今闻名于世的日本动漫就是在这一时期兴起的。不过，关于"御宅族"真正的起源，至今仍没有非常确切而且统一的说法。

说法之一：1983年，一位笔名中森明夫专栏作家（此人是一个偶像爱好者），在《漫画ブリッコ》杂志六月号上的《「おたく」の研究》这一连载中，把那些聚集在Comic Market（日本乃至全球最大型的同人志即卖会，简称Comike）的动画迷们称为「お宅」。为了区别于该词原有的含义，往往会用片假名标记为"オタク"。不过，此作者的文章因妖魔化的描述而引起了部分人的不满，而且早在专栏之前，「おたく」已经作为第二人称被一部分人使用了。

说法之二：当时的热门动画《超时空要塞》制作组成员习惯相互称呼「お宅」，一些科幻作家也曾采用这一称谓，更让作品中登场的人物彼此这样称呼。《超时空要塞》作为现象级的动画作品，引来了爱好者的纷纷效仿，「お宅」的称呼就这样在部分群体中流传开来。但是，可以看出，这个称谓虽然体现了共同爱好，但也流露出强烈的距离感和封闭感，将非爱好者排除在外，回避现实中的直接交流。

最初，「お宅」指的仅仅是动漫及电子游戏的爱好者，后来又扩大到对特定的某领域或事物（即所谓的"亚文化"）感兴趣，并对此有异于常人的了解，却缺乏一些社会常识的人。但总之，这个词被很多日本人认为带有自嘲的意味，甚至是一个差别用语。虽然如今已经渐渐出现了中性化趋势，但依然摆脱不了"内向""封闭""不与社会交流"等刻板印象。

在被中国的爱好者引入之后，"宅"字的本义渐渐发生了变化，或许是出于对作为新奇事物的动漫的追捧，也可能是因为脱离了日本的固有预警，该词的侧重点偏向了"迷恋动漫"，再加上在汉语中的本意，它仅仅包含"居家不出"的意思，而渐渐抹除了贬义色彩。随着互联网的普及、小众文化的泛化，越来越多的人开始接触「お宅」这样的特定称谓，用更加大众的思维去解读它的含义。最终，"宅"在现代中文语境中被赋予了崭新的意义，甚至是官方性质的媒体也用这个字表示"居家不出"，而没有任何贬义意味。不过，如果真的按照这种理解，通过自称「お宅」的方式在日本社会获得认同感，恐怕依然会招来侧目。

第二节　跨文化视角下的日语交际规则

一、启动规则

首先，不同国家、不同民族的人与人之间彼此沟通时，双方都使用不同的语言文化。那么问题来了，语言不同怎么进行交流呢？所以，我们需要制定一些语言和文化规则，保证不同国家的人之间交流顺畅，这一系列规则就是启动规则。如果谈话中没有遵守这些规则的话，就会导致交流障碍，甚至影响到交际双方的关系。比如，以日语和日本人进行交流，第一个问题，就是如何打招呼。问候是人们日常生活中最常见的语言行为之一，它能使对方感到亲切、友好，从而增强彼此感情，增进友谊。中国人最常见的问候语言是"吃过没有""去做什么呀"，这些问候语的作用是表达亲切地问候和招呼，但难免涉及对方的私事。日本人在这点上十分避讳，他们打招呼的重点在表扬彼此行为、整合群体。在农业社会形态里，人们习惯了在早晨或晚上出门后就开始相互问好。比如日本人清晨相见时使用"起早"的招呼，表示对对方早起的称赞，这是日本的农耕社会时期特殊的问候语，"起早"代表着勤劳。白天相见，日本人的问候比起"你好"，更常用"今天看起来要下雨了"之类的天气情况开场，借此提升群体认同感。此外，在交谈中还要注意倾听别人的意见。这种情况下，无论你有什么真实感受，均应附和，否定别人的看法是不礼貌的，会妨碍正常交际。

通常日本人见面不会单刀直入地聊正事，都得花些时间为互相交流打下感情基础，比如先谈彼此关心的热门话题或者天气话题。因此在谈话前，双方必须提前了解一下对方的兴趣点和关注点，然后再决定选择何种话题进行交谈。由于日本人不擅长和团体以外的陌生人进行交流，因此，这一环节非常有必要。如果谈话过程中出现了误会，会使谈话陷入困境甚至失败。因此在和日本人交流时要避免只谈自己感兴趣的事情，要考虑到对方的感受，不能口若悬河、夸大其词，不然日本人就会对你失去好感并采取不信任的态度。另外，如果你与日本的长者交谈时不注意方式方法，就可能遭到他们的拒绝或训斥。所以发言主动权应由长者掌控，除非老人开口，否则最好保持缄默。如果一定要交流，就应避免直接表达自己的意见，而是尽量采用一些委婉方式，如点头、摇头、微笑等来进行缓和，让听者感到亲切自然，从而达到增进交流效果的目的。决不能咄咄逼人地对长者进行提问或者硬拉着长者聊天。

二、参与者规则

毋庸置疑，交流必须满足两个及以上的人数条件，有一个人自言自语不算交流，必须有其他参与者。一个人无法构成交流，而交流需要参与者的加入，因此，参与者规则就是参与者在交际活动中搭建的一系列脉络。

首先，在和日本人的交流中，应以关注上下关系为主，内外关系为辅。当然，利益关系有时候也会交织在其中，起到重要的影响作用。所谓上下级之间的交往，就是上级向下级发出指示或命令，以影响其行动。感情不一样，举止也就不一样，所用语言变体亦有差异。因此，我们在日语会话中就必须根据具体情况采取恰当的礼貌原则和方法。通常情况下，我们在面对长者、外人或者利益施予者时，谈话中应致以尊敬之情，使用敬语变体，称呼应礼貌，态度应谦和，谨慎选择聊天话题。还要尽量顾及彼此的需求与期待。

其次，人们要实现上述要求，先决条件是必须学会察言观色、善于分析他人的喜好。另外，如果聊天对象为两个或更多的日本人，我们首先要了解他们之间的上下关系，这样才能判断出哪个人是交际中心，从而集中注意力，避免只顾下者、忽视长者的现象发生。日本人不允许别人打破他们森严的序列制度。

三、内容规则

首先我们要明白，无论何种语言交际，都是随着某种目的而进行的。交际往往体现在聊天内容上。因此，在交流时我们必须考虑对方的文化背景以及所要表达的意图。从日本人的语言文化角度看，最好的交际话题是谈论彼此共同经历过的事情或者彼此都熟悉的事物，交际的重点在于提升群体认同感。

另外，日本人普遍不避讳谈自己国家的政治、社会和宗教问题。既愿意发表意见，也愿意听取他人意见。因为这是公开的、客观的事物存在。但对于个人的隐私包括但不限于财产情况、收入支出以及年龄等问题，日本人普遍不喜欢被人询问，这在他们看来是非常不礼貌的事情。由此可以看出，日本人并不爱谈论他们自己，甚至不习惯于直抒胸臆，他们在表达自己的诉求与意愿方面是非常含蓄委婉的。在日常生活中，他们总是尽量用温和的语气进行交流，以避免尖锐或激烈的冲突。一旦涉及上述隐私问题，他们的回答则相当含蓄，只有对方能够意识到这一点并及时更换话题，交际才能继续进行。日本人都喜欢面对面地互相夸赞，并且期待对方的感谢，而不是谦虚否认。

其次，日本人对别人的赞美往往代表着善意的主题。这种赞美是礼貌性质的，不一定具备真实性。但是这种赞许和夸奖不能用于对日本长辈的认可评价，因为那代表着把自己置于更高的位置，是十分不礼貌的。这种情况往往发生于那些具有明显优势的场合之中。比如听了日本一位教授的演讲，我们不能讲"您的课十分精彩"，而应该说"我受益匪浅""感谢您"。

再者，日本人谈话时常常不断地附和对方。在他们看来，这是在礼貌地表达"我正在仔细地倾听你的想法"。需要注意的是，这种点头附和未必表示赞同对方观点和主张。这种礼貌用语的使用与说话者和倾听者双方的关系有密切的联系。日本人并没有直接以"不"来否定对方观点的习惯，他们往往先给予认同，再转移话题，或者保持沉默，这一语言行为旨在避免让对方感到尴尬，目的是维持良好的人际关系。

总之，语言行为和其他行为一样，受很多规则的约束。但应从交际角度出发，按照规律将复杂多样的语言行为统一进行整理。毫无疑问，这个工作量和工作难度是非常大的，有待后人再接再厉。

第三节　高校日语教学中的跨文化教育以及存在的问题

一、日语教学当中跨文化教育应用的必然性

首先，我们需要明白，发展学生的跨文化交际能力在日语教学中非常关键。在交流时我们必须考虑对方的文化背景以及所要表达的意图。跨文化交际能力以语法知识为基础，综合考虑彼此的身份、立场和所处环境，以选择与身份相适应的用语。发展跨文化交际能力，能使人们勇于在各种场合和别人进行沟通，做到聊天内容礼貌得体，恰如其分。我们可以通过对日语中文化现象的分析，总结一些提高学生跨文化交际能力的策略。不可否认，人们沟通顺畅的关键就是拥有出色的跨文化交际能力。

其次，在我国进行日语教学，主要目的在于日语人才的培养，当前，国内不乏专业的日语翻译者，但真正承载日语文化的人却少之又少。语言的基础是文化，文化又通过语言进行传播推广，因此语言和文化联系非常紧密。在日语教学过程中要重视对学生进行日语文化教育。在进行日语教学时，文化背景不同，给语言教育带来了一些难度，学习者往往使用母语学习习惯来学习日语，不可避免地造成一些误会冲突，大大降低了教学效果。

学习者在学习日语的过程当中，理论上应以日本文化学习为主。但在具体教学中，教育者和受教育者都没有对文化教育给予足够的重视。随着我国社会经济发展速度加快，人们对于教育工作也越来越重视，特别是对学生综合素质以及日

语应用方面有更高的要求，而这一点正是日语课程所要完成的任务。在进行日语教学时，教师要清楚，学习者体现在考试成绩上的分数不代表语言的实际掌握程度，高分数的学生也可能学会的是"哑巴日语"，不一定能熟练地使用日语来沟通。但是，学习者语言交际能力的发展才是学习初衷，学习者只有掌握了基本的听、说、读、写语言能力，才能更好地推动日语教学的发展。

总之，要学好日语，必须提前了解日本文化。教育者要在日本文化的基础上引导学生，加强学生的日语交际能力。

二、日语教学中影响跨文化教育的因素

跨文化教育能够给日语教学带来丰富多彩的教学场景，增强学生日语学习积极性。以下从三个方面对跨文化教育的影响因素进行论述。

（一）语言因素

大家都知道日语语言较为暧昧模糊。对于学日语的中国人而言，日语里暧昧性地表达很容易带来理解误区。特别是日汉互译时，需要揣摩用词，揣摩句意。日语语句不够直白、讲话模棱的暧昧性表达常常给人以捉摸不透、含糊其辞的感觉，充满了含蓄、烘托和暗示。

自古以来，基于"稻作文化"，日本形成并崇尚"和"的理念精神。这种"和"的理念对其政治、经济、文化等各方面都有重要影响。日本人的集团意识很强烈，所以在独立精神方面比较欠缺。这种情况导致他们对他人有较强的依赖性。具体表现为语言模糊不清，尽可能不表达明确的态度，这样可以少承担责任。注重他人感受，照顾彼此的体面，减少产生分歧，努力使自己和对方思想保持一致，进而实现让自身利益免受侵害。同时也要考虑到对方的反应，即在交谈时能够把握对方的心理活动规律，以缓和双方之间的紧张情绪。基于这样的前提之下，语言表达尽量用表意不清的表述，以期在模棱两可的语言环境下，双方保持轻松愉快的状态，互相劝说，实现沟通。在这种情况下，如果我们不能有效地进行言语交际，那么就很难取得预期的效果。因此，比语言交际更重要的是"言外之意""心与心的沟通"。

另外，日语经常使用省略表达和含糊其词的表达方式。习惯省略话语，让对

方猜言外之意。这是日语暧昧表达中的突出特征。日语暧昧的表达就像润滑剂，非常灵活。日语中存在着一种"暧昧语"——模糊语言，它是由各种具体的词汇和语法形式所构成的复杂系统，也可以说是以这些词语为核心而形成的概念体系。暧昧语让人觉得很含蓄、委婉，言语温和而神秘，他们通常不会直接对他人发表自己的意见，这样最大限度地减少伤害他人的概率。能使对方感到礼貌和尊重，从而增强交际效果。日本人生性比较敏感，易受伤害，因此，语言表达方式大多间接且含蓄，能使对方产生好感和信任，从而增进双方之间的关系。和日本人沟通的时候，要能从委婉、间接的表达中听出说话人弦外之音。同时，委婉语也是礼貌用语，能够起到"以柔克刚"的作用，从而达到一种和谐融洽的效果。在职场中适当运用暧昧表达，对保持融洽人际关系、避免误解很有帮助。

（二）非语言交流因素

首先，人与人之间的交际不仅包含语言交流，也包含非语言交流。非语言交流可以弥补语言表达不准确和表达不清的不足，使人们能够更加全面地了解对方的意图，从而达到更好的沟通效果。一般人们在进行沟通的时候，靠语言获取信息只占很小的部分，绝大多数信息来自非语言因素。在交际过程中，非语言因素对人们的心理起着重要作用。非语言因素包括身体姿态、面部表情、眼神、体态动作以及各种环境下所产生的行为和气氛等方面。这些非语言因素构成了每一个国家特有的社会文化表达手段。

其次，礼貌将以礼仪的形式体现。礼貌是一个民族或国家的文明标志之一，也是每个人都必须遵守的道德规范和行为准则。礼仪就是人与人之间的社交、道德、宗教、风俗和其他行为规则，是一个人思想文化修养的外化。日本人见面常常用鞠躬行礼的方式打招呼，弯腰行礼至90度鞠躬，鞠躬幅度视礼节程度而定。如果对方不愿意站起来的话，可以双手合掌，并轻轻拍一下肩膀，表示欢迎或感谢。正坐榻榻米上行礼时，日本人的上半身弯曲，双手在前落地后俯首。在日本，人们并无握手的礼仪，但是他们遇到外国人的时候或其他特殊情况，日本人也开始使用握手礼。

最后，从地理位置上看，日本地处亚欧大陆东部和太平洋的西北部。日本人以从事渔业、农耕为主。人们的观念、生活习俗和风土人情基本相同。日本人强调集体观念，注重整体配合。日语具有独特而又丰富的文化内涵。日本人不必用太多的言语，只用手势和表情就可以进行交流与沟通。因此，他们在谈话时，往往通过面部表情、眼神、肢体动作及语调表达自己内心的想法和情感。在谈话时，他们总是注意到这些非语言因素的影响，借此获得有用的讯息，实现以心传心。

（三）社会文化背景

通过对日本人每天不同时间问候语的分析，我们可以发现日本人是非常讲礼貌的。比如早上见面的时候，他们就会说"早上好"；日本人看见熟人，会问"要外出嘛"，对方会答"到那儿去一下"。日本人一般不会直截了当地询问对方的去向，并且对方的回答也会比较含蓄和婉转。他们认为"不直接问"是出于对他人的尊重，因为他们认为自己有很多事情要做。不愿让人知道自己的隐私，因此，也就不去打听对方的私事。

日本人并不想让对方费神，也不想让别人背上什么包袱，这种观念对日语学习产生了一定影响。日本语言与日本文化有着千丝万缕的联系，实际沟通时，要充分考虑文化因素的影响。就日语教学而言，教育者要注重使学生对日本文化保持敏感度和兴趣，培养其跨文化意识，注重将中国与日本文化进行对比，发现两者之间的相同点与不同点。

三、跨文化教育在日语教学中的应用策略分析

（一）提高学生的跨文化教育意识

首先，跨文化教育在日语教学中的有效运用以执教者切实提升自身的跨文化教育意识为前提。目的是在具体教学过程当中，保证注重跨文化教育运用。本文将结合当前的实际情况，对其进行详细地分析和探讨。就我国教育发展的现状来看，我国跨文化教育意识切实增强，并广泛应用于外语教学中，但这一认识只在教师层面得到了增强。其次，随着中国改革开放的不断深化，我国外语教育对于跨文化教育运用的关注程度逐步加大。由教育部发布相关文件，促使跨文化教育切实运用到日语教学中。

（二）增强文化认同

首先，由于不同国家的社会发展水平和历史文化背景存在差异，导致人们对于事物理解上产生了较大的分歧。因此，语言交流中产生误解在进行日语教学时不可避免。怎样使同学们在日常沟通中减少误解，成了日语教育者最值得深思的课题。它要求教师重视中日文化差异的传授，加强课堂上汉语和日语文化的比较，这有助于学生文化认同的有效提升。

其次，教师为了加强文化认同，采取的主要措施为运用情景教学方式，在不同场景下，组织学生有效沟通，并且在交流的过程中重视文化差异的互动。同时注意培养学生良好的语言表达能力和交际能力。另外，还需要教师引导日语学习者本人主动加强对日本文化的理解，从而在学习者的生活中渗透跨文化教育，大大提高学生的文化认同。

（三）提高教师队伍的跨文化教学能力

教师在当代教育中的专业能力必须过硬，在具体教学过程中引导学生进行自主、有效地学习，采取一系列恰当的教学方法提高教学效果。所以要求日语教师在日语的教学中进行跨文化教育要得心应手、游刃有余，从而将跨文化教育灵活运用于具体日语教学。当前人们对日语教师跨文化教学能力的培养主要是从以下几方面来进行切实有效地促进。

首先国内大学要加强和日本名校之间的沟通，支持日语教师出国交流学习，促进其对日本文化进行深入研究，通过实地考察日本文化切实增强自己的教学能力。

其次是大学需以跨文化教育为专题，经常开展讲座，邀请日本知名教育者到校演讲，促进日语教师在各个方面都能切实提高自身能力，从而提升教师日语跨文化教育层次。

再者，伴随着中国教育事业的进步，外语的教育教学需要进行改革，跨文化教育就是一种有效的改革方式，充分吸取国外先进教学经验是十分必要的，在此基础上，逐步向具有中国特色的日语教学发展。

最后，在政策方面，有必要向跨文化教育给予一定的倾斜力度，使其贯穿于整个日语教学的始终，真正推动跨文化教育深入开展。

四、日语跨文化交际教学存在的问题

纵观以往我国日语教学理论与实践不难发现，基本围绕词语的分析，语言知识的传授，句型的操练，语法的讲解等线索展开。而对于语言之外或者非语言文化因素关注不够。因此，长期以来，我们的外语教学始终只注重词汇、语音等显性知识的讲授，忽视了语言背后所隐含的丰富内涵及社会文化背景。其部分原因在于，受"语言工具论"观念所影响，人们习惯于只将语言当作符号来教习。因此，在日语学习过程中，往往只注重了外语技能的训练，而忽视了非外语教学法的作用。在这一轻文化、重语言的日语教学思想大环境中，大学日语教学始终以发展学生"纯粹的语言能力"为主要目标。

随着社会经济的不断发展以及教育改革的深入，外语教学也面临着许多新问题。比如，仅停留于语言本身、忽视和语言使用息息相关的文化因素就是大部分课堂教学中存在的问题。跨文化教学理念已经得到了越来越多教师的认可，而广大教师也普遍意识到跨文化交际知识与跨文化教学在其中的重要意义。他们认为，语言技能的培养和文化知识的学习是并重的，他们意识到日语教学不仅是对学生语言能力的训练，更是对学生跨文化交际能力的培养，语言技能与文化技能完美融合，跨文化交际语用障碍与语用失误才有可能避免。在这种大背景下，许多高校纷纷开设了"跨文化"课程或选修课。但是，理解归理解，大学日语跨文化教学未能真正落到实处。教师与学生之间的认识差距以及教学目标、教学内容限制等问题，使得跨文化日语的教学效果差强人意。

（一）跨文化教学缺乏理论支持

目前，我国日语教学方面还没有形成中国特色日语教学理论体系，在宏观层面缺少规划和引导。我们的日语教学理论主要来自国外引进，其中有一些研究未能密切结合中国日语教学实践，无法对我国日语教学实践提供有效帮助。学校高层的相关负责人和教育行政部门的从业人员，对日语教学的理论指导的作用仍有贬低之嫌。在时间许可的情况下，教师只凭个人兴趣，零零碎碎地向学生介绍文化知识，根本算不上真正跨文化教学。

（二）教师自身问题亟待解决

1. 缺乏跨文化教育意识和视野

首先，作为连接学生目的语文化和个体文化的桥梁，教师在学生的学期过程中起着十分重要的引导作用。因此，教师应该注重自身素质修养的提高和跨文化交流技能的训练，以促进学生跨文化交际能力的发展。但是，现实却是，不少教师的跨文化教育意识薄弱，在认知上仅把传授语言知识当作日语教学的目的。因此，学生普遍重视语言形式，而忽视社会文化。教师则看重学生语言形式是否恰当，或者运用是否通顺，但却较少地关注学生使用语言的场合是否恰当，不重视发展学生语言综合运用能力。大学教师，既是语言讲授者，又是文化传播者。若教师自身不全面了解自己国家的传统文化与所教授的外国文化，就会缺少综合的中外文化观。那么，他们对于目的语和母语文化之间的均衡是不可能做到正确把握的。在文化教学中就无法培养学生跨文化交际的平等意识。因此，在学习目的语的过程中，一定要了解语言文化背景，挖掘语言形式中的文化内涵，让学生对文化间的差异有一定的了解。我们的教学目的是实现跨文化教育，必须借助中日文化差异性的对比借鉴，才能实现文化的取舍和传播，让学生把握文化共性和差异性，建立正确的文化认知。

其次，帮助学生理解目的语的文化背景，是语言教师的一个重要任务。在训练学生语言基本技能的同时，教师在跨文化交流中要发挥交际作用，以作为沟通两种不同文化的"桥梁"。因此，教师应该注重自身素质修养的提高和跨文化交流技能的训练，以促进学生跨文化交际能力的发展。所以教师在教育理念上要不断更新，必须积累渊博的跨文化知识，形成强烈的跨文化意识，增进跨文化理解等方面的技能，深化与内化跨文化教育这一概念。同时，教师还应注重对学习者进行正确有效地指导与引领，让其树立起跨文化交际意识，并养成良好的习惯。能否实施跨文化教育，取决于教师是否具有跨文化意识。教师本身应扩大跨文化视野，深刻认识跨文化教育内涵，融跨文化教育为一体。同时，教育者还必须掌握必要的外语教学手段。我们教育的目标不只是要培养出会用日语来表达事物的学生，他们还应该学会用日语表达我们国家的传统文化，将中国优秀文化传播到其他国家，增强国家竞争力，这样才能实现对外交流时的均衡发展。这就要求教师不仅要掌握扎实的专业知识，更重要的是要具有较高的文化素质。所以在文化全球化大环境中，日语教学既要确立"知彼"文化观，也要养成"知己"文化意识。

2. 重视"目的语文化"传授，忽略对"母语文化"的渗透

有效数据显示，随着近几年日语教学改革，日语教学的文化问题越来越受到关注。日语教师对于文化对日语教学的影响也逐渐重视起来，在教学上，其跨文化教育意识也得到了提升。通过开展跨文化交际活动来促进学生之间的交流，是当今大学日语教育改革的主要趋势之一。但是伴随而来的是一些新矛盾：教育者在外语教学中，只单一地阐释"目的语文化"，没有融合、渗透我国的传统语言文化。教学时侧重于让学生理解和认同目的语文化，而中国文化的熏陶则远远不足。这种情况导致不少学生学习时不能很好地把握两种文化背景知识之间的联系和区别，甚至有相当一部分学生会产生一种"母语文化冲突论"。这显示了教师对母语文化对于跨文化交际的影响普遍缺乏了解，没有足够的批判意识，对于这两种文化之间的相同点和不同点，缺乏深入认识。这表明大多数教师在两种语言的运用方面尚没有很深的功底。教师文化素养不足，所培养出来的学生也无法对中外文化内涵融会贯通，学生们甄别不出外国文化精髓，也不知如何去转化、运用，不能准确把握东西方文化差异就不能将之转化为自身所需的东西。同时，学生们对传统文化认识不足，不能肩负起在国际上推广中华传统文化的重任。因此，要提高学生的跨文化交际能力，首先要重视教师文化素养的培育。

现实情况是，在外语教学的过程中，母语文化陷入了一种基本上被忽略的境地，教育者只注重目的语国家的文化传授，而对于母语文化的融合与渗透则远远不足。目前，我国高校日语专业学生普遍存在着一种语言能力低下，文化素养不高的状况。虽然一些具有较高基础日语水平的博士生，本身也具有高度的中国文化修养，但是他们在日语的交际语境中仍旧无法熟练地用日语表达中国文化。这一现象被称作"中国文化失语"。他们不能准确得体地使用日语表达自己的思想情感，无法有效地向对方传达自己的想法和观点。"中国文化的失语"是中国日语教学中存在的一个弊端，因为跨文化交流决不能仅仅局限在交际对象"理解"层面，也要体现在与交际对象的"文化共享"层面，甚至要对交际对象产生"文化影响"。成功的文化交际往往体现在后两者方面。由于缺乏正确认知，学生们常常不能将自己所学到的汉语知识恰当地运用于日语语言环境中，从而导致语用

失误。所以在大学日语教学中培养学生的跨文化交际能力，教育者一定要做到中日文化兼而有之，既研究日本文化，还要渗透中国文化，提高学生用日语来传播中国文化的水平，使得学习者更灵活地处理和加工日语文化。

3.跨文化知识掌握欠缺

首先，目前我国高校日语专业学生普遍存在着一种语言能力低下、文化素养不高的状况。这是因为当前很多大学日语教师缺乏文化意识，文化教育意识淡薄，对跨文化与交际的内容了解不足，欠缺跨文化理解力。日语教育者在教学中，只重视培养学生的日语表达能力，却没有为他们的跨文化应用能力做出引导和改善，导致学生对日语和日语文化的理解、判断水平普遍不高，且没有树立一个正确的学习目的。甚至有些人不但学不好日语文化，对于母语中的优秀传统文化，也缺乏足够地了解。与此同时，学生也缺乏全球一体化的国际意识，批判性思维有待提升，导致他们无法区分出各种文化之间的差异性。另外，由于语言本身具有局限性，学习者无法准确地把握语言使用对象的文化背景。当前，许多高校的日语教师对日语文化与母语文化的了解还不够透彻，均处于一般理解状态。所以在其日语教学过程中才出现了许多问题。因此，教师应该强化自身素质，做到对日语的教学进行跨文化教育。在母语文化与日语文化之间起到"桥梁"作用，拓展跨文化知识视野，认识到两种文化差异性。

（三）学生跨文化意识和交际能力薄弱

首先，我国日语教学长期缺少目的语文化环境，实际教育中，最常见的活动就是教师把知识盲目灌输给受教育者，学生能力的发展没有受到应有的重视。

其次，我国当前的教育体制具有一定的局限性，应试教育的考试制度大大局限了日语的学习模式。学生学习日语的方式也更倾向于背诵，学生的学习目的不是熟练使用外语进行文化交流与传播，而是单纯地考高分、通过日语等级考试取得证书。所以在语言习得过程中，学习者并没有树立起"把自己对所学知识的理解运用到实际生活中去"的意识。由此可见，起主导作用的往往是学习目的。就其教学条件而言，由于受教育者数量增长，教育发展需求与教育经费投入并没有达到平衡。当前大学日语教学显然无法满足经济发展与社会需要。此外，由于我国现行日语教学大纲过于简单而笼统，导致了许多内容没有具体规定或要求过高。

教师队伍亟须扩充，教学水平亟待提高，由于学日语学生数量激增，并且综合素质良莠不齐，教师很难做到因材施教。同学们在学习时也只是关注书本知识，忽略了对现有知识的实践应用。这些问题在很大程度上源于传统教学方式下形成的以课堂教学为主，课外实践为辅的教学模式。

再次，对于课外学习日语的环境问题，不管是在社会、学校或是家庭，均难提供研究、交流和练习的实际环境。此外，由于缺乏必要的教材及配套设施，许多学习者无法利用现有资源进行有效练习或阅读理解。尽管部分同学的日语表达能力很强，但是其跨文化理解能力明显不足。文化障碍问题在语言能力达到相当程度时就会变得突出，比如学生们在礼貌原则和交际策略等方面了解甚少。因此，为了使学习者能更快更好地掌握日语，我们必须要培养和发展他们良好的口语表达习惯，减少他们在实际交际中的语用失误而造成的误解与冲突，提高其交际成功率。

另外，人们往往会有一种文化假象的错觉。认为一个会讲日语的人肯定具有相应的文化知识和背景。甚至有的时候，他的语用错误都会让人以为是有意为之的语言行为。这无异乎增大了冲突的潜在风险。在外语教学中如何避免或减少这些跨文化交际障碍，使学习者能顺利地进行有效的跨文化交流就成了一个重要课题。因此学生要提高自身的母语文化素养，必须以母语文化为参照物来对比日语文化，这样才能促进其提升跨文化交际能力。在全球化进程中，不同国家之间的文化差异越来越大。因此，亟须通过跨文化教育的方式，让大学生形成一种平等和开放的心态，树立相对理性的跨文化观念，增强跨文化交际能力。

（四）跨文化教育的内容较欠缺

1. 知识广泛，但对跨文化教育突出不够，文化内容偏狭、过时

首先，课文内容基本上只停留在跨文化教育表层的认识上，其内容的选择设计未站在跨文化教育立场上。教材无法深入介绍跨文化教育，往往只轻描淡写。因此，学生在阅读过程中，只能看到表层意义上的东西，而看不到深层次的内涵。另外，相当一部分课文内容狭窄陈旧。这些都给学生提供了一种错误的理解，即认为只要学好外语就可以掌握所有文化方面的知识。这种正面教育占主导地位的思想当然是合理的，然而，从培养学习者综合素质与能力的方向出发，不允许他

们去接触现实中的社会，没有引导他们讨论和思考那些社会问题，其实，这是对极好学习机会的一种浪费。因此，本文就如何将"跨"这一概念引入到日语教学中来做一探讨，以期为我国教育课程改革提供借鉴作用。跨文化意识与能力主要存在于某些有争论的问题中，比如涉及价值观、世界观等问题，在探讨与反思过程中不断完善。

2. 中国本土文化内容缺失

在中国本土文化方面，课文内容较少涉及。教材编写要充分考虑到学生的认知能力、语言水平以及文化背景知识等因素，在教学中要尽量采用多种教学方法以达到提高教学效果的目的。中国本土文化内容的缺失并不符合教学大纲对跨文化交际的要求。跨文化交际要实现平等、双向，而不是单方向沟通。

3. 重知识，轻态度与能力

虽然课文中对跨文化教育方面的内容作了较宽泛地介绍，但是并不阐明怎样通过对这些文本的研究来培养跨文化的积极态度与能力。这是因为，跨文化差异是客观存在的，它并不存在于任何一个国家中。因此课文内容只能帮助学生学习跨文化知识，而无法引导学生养成良好的跨文化态度，无法培养其发展跨文化能力。

（五）传统中国文化价值缺失

总的来说，当前我国的日语文化教学应格外关注两方面的问题：第一，同时兼顾学习母语文化与目的语文化。避免学生在学习过程中只能看到表层意义上的东西，而看不到深层次含义。第二，重视研究目的语的实践运用和表达，熟练得体地用目的语表达、推广母语文化。进入21世纪，国际局势发展很快，文化交流具有双向性特征，研究的目的在于实现"双语文化交流"。没有文化知识，或者是不会用日语来表达文化，这样的交际很可能产生误解与冲突，影响正常交际活动。

首先我们要明白，文化教学是许多大学跨文化教学的主流。教育者往往在不同程度上注重目的语文化、传统习俗以及交际规则的传授和推广，没有做到母语文化的渗透和融合，甚至教育者因忽视母语文化而导致自身文化素养有限，不足以教导学生学习母语文化。传统文化教育模式是一种自上而下式的教育，它将语言知识与社会文化背景割裂开来。这一跨文化教学模式使得跨文化交流双方难以达到平衡。

其次，缺乏中国文化知识，限制了学生在跨文化背景中的顺利沟通。因此，加强中国文化教学是必要而紧迫的。当前的日语教学存在一些共性的问题。其中一个主要原因就是缺乏必要的文化背景知识，即缺少能够有效提高学习者语言能力和交际水平的相关文化知识。如目前在大学生跨文化交流中，他们虽了解一些日本文化，但是在表现与引进本国文化方面就有点无能为力了，口语表达和书面表达均不能在更深的层面上进行沟通和交流，这一现象就是典型的"中国文化失语"，需要引起我们的关注。

再者，在跨文化交流中，"中国文化失语"现象将严重阻碍学生提升跨文化交际能力，进而对跨文化交际活动的开展产生巨大的消极影响。最直接的表现就是我们不能用日语把中华传统优秀文化传播、推广出去。总之，在中国日语教学过程中，中国传统文化的内容是严重不足的，这样既不利于提高学生的跨文化交际能力，也不利于跨文化交际顺利开展。

综上所述，我们对异国文化应该有一个客观的、辩证的判断，对文化有一个恰当的鉴赏与认识。对一种文化持绝对的肯定或否定态度都是不恰当的。在全球化进程中，任何国家、民族或个人都应尊重本国文化传统，以保持自己文化个性为前提来对待他国或别种文化，而不能把异域文化视为对我国文化发展最有益的因素。唯有以正确价值观和世界观为导向，在博大精深的本土文化基础上进行研究、体会和比较，区分母语和目的语文化，这样才能更好地认识、判断异国文化，以达到真正跨文化双向交流的目的。

五、日语跨文化交际教学存在问题的原因分析

高校日语学习者跨文化交际会出现问题，主要有如下三个原因。

（一）学生的语言知识和语言技能不够扎实，信心不足

教授学生的语言知识一直是我国大学日语教育的主要工作目标，教学的中心是训练学生的听说读写译能力。事实上，由于教师的主要授课方式是理论讲解，这种教学模式无法突出学生的主体地位。另外在对学生学习情况进行考核时，主

要的评价方式是书面考试，考核目的是通过考级获得文凭。以上因素大大阻碍了日语教学的发展，降低了课堂教学效果。

目前看来，在单词和语法识记方面，有超过半数的同学难以跟上进度。不少同学虽然能背诵一些生词表，但仍然无法准确把握其中含义。有一些非常重要的词汇，重复识记却效果平平，学生要用的时候又想不起来，即便学生记住了读音和语义，也不能正确得体地运用。一些看似简单但实际运用起来却非常困难的语法，即使教师反复强调其要点，学生依然无法准确地表达使用。与此同时，语法和句型也有所增加，同学们在学习时遇到的最大难点与阻碍是相近语境、相似意义的句型之间的辨析。

在一定程度上说，目前我国的日语教学在培养学生听、说语言技能方面并没有达到教学目标。这一点体现在跨文化交际中，学生与日本人交流沟通时仍存在障碍，无法得体熟练地运用日语表达事物和文化，可以说，我们的日语教学培养出的大多是考高分的"哑巴"学霸。因此在日语专业教学中必须重视听说训练，培养学生良好的语言习惯。多数同学都觉得他们欠缺听的能力，在与日本人的沟通中缺乏自信，怕听不懂而紧张。因而有相当一部分学生在学习过程中缺乏自信心，不愿意与别人交流。也有不少同学背单词、语法较多，培养出优秀的阅读及写作能力，但一旦遭遇口语交际"实战"考验，就紧张得无法流畅发音造句。

总的来说，同学们学习精力一般都比较集中于识记单词、语法句型等方面。但是由于学生们在课堂学习中更多地处于被动接收的状态，课堂参与度不高，造成知识点理解不到位，识记在实践中无法深化、无法巩固。由于受母语负迁移的影响，部分教师只注重教学目标的实现而忽视了培养学生的自主意识与能力，造成师生互动少。学生对于自己日语语言技能的掌握缺乏信心，进而弱化了学生积极进行跨文化交际的心理需求和欲望，学生害怕主动开口，最后形成了其学习新语言知识时越来越费劲的恶性循环。

（二）学生对自己的学习目的和今后的职业规划缺乏深入思考，学习动力不足

很多学生没有明确自己的学习动机和学习目的，尤其是大三、大四马上要毕业走向社会、找工作的学生，他们甚至想不通自己当初为什么要学习日语，对以后的就业方向是否选择日语领域也没有明确的思路。有些同学直截了当地说，因调剂专业而选择的日语教学，本身对于日语的学习兴趣不高。也有同学说，之所以选日语，是因为高中英语学得太腻或感到英语很难，想改学一门小语种。这些都说明目前高校中存在着严重的问题：学生缺乏明确的学习动机和职业规划，并且教师的教学无法引起学生的兴趣和学习主动性。这样就造成了部分同学的学习陷入被动局面，课外跨文化交际欲求淡薄，交际能力薄弱。这些都说明目前高校中还存在着一定数量的学生日语基础差和文化素养低的现象。当然不排除有的同学在糊里糊涂地接触日语之后，对它有了长久的爱好，学习方向清晰，具有较好的跨文化交际能力。

部分同学之所以选择日语，是因为受到亲友中日语相关人员或日本动漫、电影、饮食、风俗习惯、高科技等方面的影响。其对日本文化存在一定的好奇心。在对调查结果进行分析时发现，大部分学生会因为自己的爱好或者其他因素选择日语。对这部分学生，根据其学习目的明确度及学习态度表现出3种情况。第一类学生主要以日语的某一方面为兴趣点进行日语学习，但是随着时间的推移，并没有因为那一点兴趣而爱上整个日语。在日语学习过程中，多数学生只注重语言技能的培养而忽略了文化知识的积累。这一部分同学的专业学习、跨文化交际意识与能力不尽人意。大部分人不认为自己已经具备了从事日语教学工作所需要的知识和技能，实际的教学效果不是很好，原因在于部分学生缺乏必要的日语基础，因此其很难进行有效交流。第二类学生则是因为兴趣学习日语，但没有为自己的未来职业做出明确的规划，就业取向还不清晰。这部分学生虽然都有自己的特长或爱好，但是由于缺乏相应的社会实践机会，因此无法实现自身价值。他们可以在课堂上更仔细地听讲，认真研读教材，跟着老师的思路走，认真对待课后作业，合理运用课外时间，以自主学习来拓展知识面、提高综合能力，他们具有一定主动性，但是还不够强，这一部分同学具有一定的跨文化交际能力。第三类学生对未来职业具有准确定位和规划，将兴趣转化到未来从业方向上，甚至有的学生毕业后选择了继续出国深造或者直接进入社会发展。这就涉及从学校到社会的转换阶段——大学生毕业后的去向问题。他们很清楚地表示，他们想到日本学习、上班或做日语教师和外贸业务员等等，其学习目标是最明确的。另外，有部分学生认为日语教学可以从汉语中汲取灵感。他们对大学四年要学习的内容和如何循序渐进地累积知识，磨炼能力，均有清晰的思路和方向，并付诸实践，这一部分同学具有强烈的跨文化交际意识与愿望。这说明学习目的明确、学习动力充足可以刺激学生加强专业学习，促使其开发多样化的学习手段，由此促进其跨文化交际意识与能力的培养。

（三）语言学习和文化学习脱节，对日本的社会文化背景缺乏系统、充分、深入地了解

首先，尽管多数学生知道，跨文化交际才是学外语的终极目标。但是他们并不清楚进行跨文化交际都需要什么能力，甚至许多同学认为，掌握基础语言知识与语言技能，就能与日本人进行无障碍交往。这种观念上的错误使他们在学习过程中受母语干扰严重，从而不能有效地完成外语学习任务，影响学习效果。语言知识是学生学习的主要内容，学习方式主要是机械地阅读、背诵和记忆，学日语语言知识的同时，必然要学习日本的社会文化，否则就会导致理论基础与实践运用相脱节。很多学生欠缺独立思考的能力，由此造成了其对异国文化的理解有差异，在跨文化交际中缺乏比较意识。

其次，学生缺乏文化学习，这不仅与学校课程设置和老师教学方式有关，也和教师自身的文化素养息息相关。日语教育作为一门专门用途外语，其主要目的在于培养和提高学习者使用日语进行交流沟通的能力。高校日语专业课程设置注重语言知识习得，尽管还有日本的社会文化、日本国家概况和其他课程，但是课程性质更多的是专业考查课，考核方式比较单一。另外，部分教师由于受传统教育思想和教学方法的限制，缺乏相应的专业知识，导致教学效果不佳。日语教学中长期形成了机械化教学模式，以听说读写为中心。课堂教学主要靠教师的讲解进行，内容大多以语言知识为主，无法更好地将文化教学融入其中。由于受传统应试教育思想的影响，很多学生缺乏良好的外语基础，这给他们进行跨文化交际活动带来极大不便。同时，教师在学生学习活动中起着重要的引领作用，所以教师自身文化素养的高低，直接关系到在教学过程中对学生跨文化意识的培养效果。但有部分教师没有意识到自身的问题，并没有注重加深对日本社会文化的研究，也没有提升自身的跨文化交际能力，他们在文化素养方面的局限，给学生带来很大的负面影响。因此，为了使我国外语教学与国际接轨，提高外语教学质量，我

们应重视文化教学。语言作为一种文化载体，属于文化范畴。学日语，就要研究日本文化；脱离文化教学，语言教学就不只是枯燥，同样也没有意义。所以，在日语教育中，应该重视文化知识与技能的传授。唯有更深入地认识日本社会文化背景，才能对日本人思维方式，价值取向，社会规范与礼貌规则有一个深层次地了解，实现顺利跨文化交际。

第四节 高校日语跨文化交际教学的理论分析

跨文化语境中的日语教学，需要理论上的支持，日语文化的教学必须以基础理论为指导，才能够顺利进行。

一、日语教学中的文化渗透

（一）日本文化和日语教学的关系

首先，教师在日语教学中，不仅要向学生传授语法、句型结构等基础知识，还必须在讲解时穿插日本历史文化背景、日本语言习惯等常识，正如在英语里学俚语也是如此。同学们在了解日本文化的前提下，能极大地提升其日语运用能力，提高其用日语沟通的交际能力。另外，教师在教授学生相关的基础词汇时，应该结合日语的特点来讲授这些词汇。日本文化教学中最根本的部分就是为同学们介绍一些日本历史文化基础知识。为了推进日语教学顺利开展，就需要在整个过程中渗透关于日本文化知识方面的内容。在日语的课堂上，如果仅仅教授给学生一个简单的日语词汇的话，那么学生很难理解其中的意思，所以通过导入相关的文化知识来使学生明白日语的含义是十分重要的。日语在使用过程中和其他语言类似，还应随着不同文化习惯与规则做出相应变化，在日语教学中穿插传授日本文化知识，这可以激发学生对日语的学习兴趣，使教学更富有活力。

其次，伴随着不同文化背景在日语教学过程中发生转变，日语交流方式与理解都将发生相应改变。在日常交际当中，很多时候都需要用到各种词汇或表达方法来表达自己的意思。不重视这一方面的话，同学们在沟通中很容易因语用错误造成误解，严重的将影响双方的交际关系。造成这一现象的原因，不只是学生没有很好地掌握日语，学习缺乏深度，还可能是学生不了解日本文化，也不熟悉日语语言习惯。所以说，对于日语学习者来说，他们的学习目标是具备一定的跨文化交际能力。在日语教学中，应把语言教学与文化教学结合起来，取代过去传统日语教学模式。通过文化的导入，可以提高学生的日语水平和综合能力。积累文化知识与引入人际文化应与日语教学同步进行。只有这样学生才能熟练地运用日语，全面学习了解日本文化及相关日语知识。通过这种方式，可以提高学生们对于日语的理解能力以及掌握水平。就日语教学而言，教师旨在使学生能熟练运用日语与社会环境中的人交流，因此，学习日本文化是日语学习的必要条件。

最后，教师在开展日语教学工作时，主要可从以下几方面入手。一是在日语教授中要不断地提高自身知识水平，对于日本文化，还应该有一个逐步深入细致地了解；同时还需要注意自身对于日语语言本身的研究程度，这样才能够更好地促进日语教学质量的提升。二是日本文化对日语教学的渗透以分阶段进行为好，在教学中重视日本文化因素的教授，合理安排日语语言文化教学时间，在不同的阶段应教授不同的日本文化知识。对于日语专业的学习者来说，在学习日语时不仅需要了解相关的基础知识，还需要将所学到的理论知识应用于实践之中。同学们还应避免填鸭式学习，必须全面认识、把握日本文化与日语语言的内容与关系，养成良好的日语学习思维。三是通过拓展、创新教学方式，增强学生学习兴趣，加深学生对于教学内容的印象与认识。教师应该不断地改进教学方法，如利用多媒体教学，掌握好分寸。新型的教学方法可在日语教学的过程中起着极大的辅助作用。

（二）中日两国语言文化特征

1. 汉语的语言文化特征

（1）汉字是表意文字

毋庸置疑，全世界留存下来的唯一表意文字就是汉字，其字形结构和表意作用密切相关。由于汉字系统自身存在着一些特殊规律和特征，因而使其不仅能准确地表达事物的意义，而且还能正确地反映出事物之间的联系和发展演变过程。汉字受汉语自身特点的影响，在中国文化中形成一个显著的特征。古代汉语以单音节词为主，同音词也不少，与此同时，汉语中缺少词语的形态变化，加之方言中存在着比较严重的语音分歧，而表意性质强的汉字，正好能与上述特征相适应，能满足人与人之间交流的需求。

在句法方面，汉民族习惯把句法结构分为单音节短语和双音节词组两大类。另外可知，汉字的直观特征十分明显，比如象形字就是用与图画相近的方式表示字义。其实无论是指事还是会意，甚至形声字也一样，都是用字形来表示字义。因此，从甲骨文到金文，再到小篆和隶书，汉字一直在向表意文字靠拢。例如养蚕作为我国发展较早的行业，对汉字的影响十分广泛，直到今天，我们还能从很多汉字里发现丝的内容。在汉语里，有很多的"丝"字都来自于丝绸制品。如纺织、织造、绘画、刺绣、经线、纬线、绳线、纲线、纱线等，都是和丝有关。另外，还有一种特殊的纺织方法——缂丝，它不仅生产原料丰富，而且技术精湛。发达的丝织业还带动染色业的发展，这在《说文解字》中可见一斑，其中有色丝帛的相关字居然有24个。

（2）汉语是意合语言

汉族这个民族重"神"而不重"形"，例如中国画提倡写意，尤其以水墨画、白描画见长。技艺高超的画手常常是寥寥几笔，就可以勾画出意境深邃的山水花鸟图，它的气韵介于似与非似之间。这也正是汉民族对宇宙万物、人生百态以及社会生活中各种现象、事物所持有的独特理解与认识方式所致。更奇妙的是，其留白恰到好处，任君铺陈无尽想象，真可谓画中有诗韵，让人无穷回味。而汉语则与汉民族这种哲学重"悟"性有关，不注重形式论证，在艺术方面，与提倡"神似"这一源远流长的文化传统不谋而合。

作为意合的语言，汉语不受形态成分限制是因为它不追求形态变格繁复。因此，我们可以重点研究象形字。汉语句子强调理解功能，以神统形。在内容和韵律上，注重意会。这种强调整体效果的特点使汉语的句法具有明显的整体性特征。这也说明，汉语遣词造句，在很大程度上依赖于词汇语义中搭配的合理性，而不似日语中以动词为主，其重点是助词与助动词之间的关系框架。汉语中的句法结构并不是由单一要素构成的。言简意赅的汉语句型就是在很多语言板块的基础上，按逻辑事理自然流转来表达内容，而不是靠形式语法连接。在此基础上形成了汉语特有的"言"与"意"的辩证统一关系，从而使汉语的表达方法更加丰富多彩，富于表现力。汉语是文化的代码，有强烈的人文意识。

2. 日语的语言文化特征

首先我们应该清楚，日本人语言生活中，存在着很多特殊的语言现象。与这些现象紧密相连的是日本历史文化和习俗习惯。其体现了日本民族所特有的思维方式、语言心理与审美意识等。

（1）敬语

日语与其他语言相比最重要的特征就是其高度发展的敬语。它不仅表达了人们对事物或人物的尊敬和喜爱之情，而且还具有丰富的社会内涵与文化意蕴。敬语是日语的一个非常重要的组成部分，作为交际艺术语言表达方式之一，敬语最能反映日本人思想感情和思维方式。敬语体系就是指日本人进行交际活动时，在说话者、倾听者和话题相关人员之间按照尊卑、长幼、亲疏的关系严格排序，说话者采用不同的语言表达方式以示尊敬。日语中有大量的敬语，其种类繁多、形式多样、丰富多彩。恰当运用敬语，被认为是日本人不可缺少的修养品德。同时，它还是社会交际必不可少的一种重要工具。因此，对日语敬语进行系统而全面地考察具有一定的理论意义与现实意义。日语敬语系统非常复杂，历来通常将尊敬语、自谦语与郑重语归为日语敬语三大类。伴随着敬语自身的发展，语法学研究也在不断深入，基于以上3种分类，近年新增了一种敬语——美化语。这种美化语就是对别人表示尊重、希望对方理解自己的谦恭态度或表达礼貌用语。美化语并不像尊敬语那样富含尊他之意，也不似自谦语那样弱化自己的表现，更不如郑重语那样十分讲究礼仪。它只是在特定的场合下，为突出某种礼貌行为或表达某种特殊情感所采用的手段。美化语多指说话人为了使其语言高雅，显示自己有文化所用的语言。

日本社会的强烈等级观念对敬语产生了极大地推动作用。在《菊与刀》一书中，美国教授本尼迪克特认为，日本人是非常守"分"的。这种守分意识使日语中许多词语具有明显的等级特点和鲜明的时代特征。守本分就是所谓的守分，也就是服从所属阶级的立场。日本在二战前很长一段时间内都是军国主义，它固有的封建等级观念，禁锢了人的头脑，最严重的是男尊女卑的观念。社会要求人按照森严的等级各守本分。随着时代发展，社会分工越来越细，人们对职业和工作有了更高的期望，因此，在一定程度上更促进了这种等级制倾向。日本也曾长期处于封建统治之下，形成了支配和被支配两种状态，统治和被统治之间存在着难以超越的等级关系。这种等级意识还必然体现于语言之中,因此社会生活要求人按其身份运用相应语言。

敬语的高度发展还受到"和为贵"精神的影响。首先,敬语产生的思想基础就是"和为贵"精神。"和"的文化影响到日语敬语的形成与变化。"和"精神,是日本民族所推崇、所追求的境界。它既强调了对等性原则,又要求尊重他人。这导致日本人进行人际交往时,非常在乎彼此的真实感受。日本人尤其重视和谐,非常害怕言语不当影响彼此的关系。在交谈过程中,如果双方能保持着良好的情绪状态,那么彼此都会感到愉快。所以在双方对话的时候,他们也在尽量地展示自己和颜悦色的一面,甚至有点曲意逢迎。在这样的氛围下进行交流,往往能取得较好沟通效果。"和为贵"这一精神,原本就是中国儒家提倡的立家之本,却深深地植根于日本文化的土壤,成为日本民族意识形态研究领域的重要内容。在日语中,"和为贵""谦恭礼让""宽厚待人"等词汇就是这个传统思想的体现。其体现了以儒家思想为代表的中国文化,对于日本文化产生的重要影响。这种"和为贵"的观念,以及对他人的取悦心理,渐渐地付诸到了语言中,由此推动了敬语体系的发展。

(2) 女性用语

日语中第二大特征就是女性用语。

首先,婉转和含蓄是女性用语的主要特点。随着近代工业文明的发展,人们越来越注重自身形象和自我价值的实现。日本女性用语是与其社会生活环境、社会地位等因素紧密相连的。日本妇女独有的温柔委婉不只是体现在言行举止和衣着服饰方面,更多地还体现在用语方面。日本女性用语历来受到规范制约。这种规范来自于对女性语言交际功能的重视以及女性自身的特殊需要。日语中许多常用词汇都与女性有关。日本妇女交谈中,不仅寻求语音的高雅和标准,与此同时,语调极富抑扬变化。而且最突出的是用词,日语词汇和汉语一样具有浓厚的性别特征,比如在某些终助词,感叹词等的运用上,一听就知道是个女人。

其次,汉语词汇的使用率在女性用语中明显偏低,这是女性用语的另外一个显著特点。所以,在日语里,汉语词多用于表达男人对女人的态度和要求。古时日本人把汉语词汇视为男性专用的"男文字"。不但如此,他们认为汉语词更严肃,感情色彩较少,不适合展示女性温柔的特征。这一点在日语中也得到了充分地反映。一般也用敬语来表现女性用语的轻柔和婉转。如果敬语运用得精准恰当，不但能展现女人的柔美高雅，也可以反映个人的修养。

最后，我们简单阐述一下女性用语的成因，我们都知道，妇女地位在日本古代非常低下，社会中男尊女卑思想，严重禁锢了女性思想。妇女主观上为迎合社会要求，试图从语言形式上展示其女性特点。这种审美意识是由其独特的地理环境、政治制度和传统哲学所决定的，它体现了一种以"美"为中心的审美价值取向，具有强烈的民族性与地域性特征。

二、日语文化教学的原则与目标

（一）日语文化教学的原则

1. 灵活性原则

首先，就文化教学而言，文化知识比较容易理解，但使学生在跨文化交际中学会自如地运用文化知识，却不是一件容易的事情。因此，如何使学生掌握并灵活运用这些文化知识就显得尤为重要。教学目标之一是提升文化教学效果，以期更加有效地发展和提升学生跨文化交际能力。教师要因材施教、分类教学。针对不同的学生教师应提出不同的教学要求，积极开拓创新教学方法，提高学生的学习积极性和主动性，激发同学们对文化学习的热情。同时，教师还应注重文化教学内容与语言技能之间的关系，使文化内容能被正确运用于实际生活之中。教师指导学生加强对文化知识的掌握，可通过开展小组讨论、举办文化知识专题讲座、组织角色表演等活动来进行。

其次，文化教学的范围十分广泛，内容繁杂，教师无法——介绍，只能精心挑选其中的精华为同学们介绍。所以，在日语教学的过程中，教师应该将文化教学的场所延伸到课外，做到课内外相结合，开展内容丰富、形式多样的课外实践活动，以此加强学生的实际运用能力。例如，教师可以通过开展读书活动、日语角、日语晚会等，帮助学生文化知识的持续累积。让学生同时增长文化洞察力和语言知识，并且使其语言技能和文化能力也得到同步提高。上述活动的有效开展，使同学们不但能学会用恰当的语法结构、适当的语义与合乎场合的日语相沟通，还能增加获取信息的精度，在其交际时减少误解，进而促进彼此了解。

3. 大学日语文化教学的现状

一是文化教学计划陈旧，教师本身文化素质不高。当今大学日语教育，文化教学计划相对滞后，其主导思想仍停留于书面语法教学。部分日语教师片面强调大学日语教学指导方针，在日语教学中缺乏文化意识，没有做到给予文化教学应有的重视，并未将其纳入教学之中。

二是大学日语教学课程中，多数教师忽略了文化教学，都过于重视语言教学。当前，大学日语教学片面强调了语言形式问题，主张语言学习应该以语音为中心，在语法与词汇方面多下功夫。这种只重视语言的表层意义，而忽略语言背后所隐藏的深层含义的教学模式是造成大学生日语表达能力低下的根本原因。教师对学生的语言能力要求，仅止于把日语单词连成符合语法规则的语句，完全没有考虑到语言运用是否得体，更谈不上对比文化差异。这样做的结果是，学生只会造出来符合语法规则的语句，但是无法与语言文化差异相结合，无法真正实现讲话得体，符合场合，容易造成交际失误。另外，由于教师对文化的认识不够深入，致使他们只注重传授知识而忽视了对学生进行跨文化沟通与交流的训练，从而使学生的语用能力得不到提高。所以，日语课堂必须强调文化教学，教师要采取一系列有效办法，不断加强学生的文化意识培育，真正做到"应用为主"、学以致用。

三是当前教学条件对文化教学产生了一定的约束。多数高校为坚持就业导向指导方针、突出职业能力培养，对大学日语课时作了大幅度裁减，明显忽视了与语言和文化教学对应的有关课程，以及教学资料与教学设施的建设。

2. 文化平等原则

世界上各个民族历史文化传统不同，生活环境、发展程度不同，但各种文化都是平等的，各种不同的文化并无好坏之分。各民族文化都是经过一代又一代传承、积淀形成的历史渊源。在一定程度上，文化平等意识为导入双向文化提供了依据。任何一种文化的产生都不是孤立的现象，而是一个历史过程，是特定的地理环境与人文环境相结合的结果。跨文化交际，就是两种不同的文化之间进行沟通，就是本土文化与目标语文化之间的一种沟通，它的本质在于彼此的平等，在互敬互爱的基础上，在平等交际中全面相互了解，互相促进。任何一种文化，无不是它在社会生活中不断发展变化的结果，它们都是为了满足对应文化群体精神与物质上的需求，所以无法以好或坏的标准对其进行评价。同时也要承认差异性，并努力去适应这种差别,使之得到最大限度地完善。中日两国文化各具民族特点,所以我们在处理中日文化的问题上,必须在树立文化自信的基础上,不卑不亢、拒绝盲从心理。日常教学中应该做到客观公正、不偏不倚,对异族文化采取无偏见态度。想要实现共同繁荣,唯有彼此尊重,互相借鉴。

另外,就跨文化交际而言,我们一定要树立正确的交际观念,采取恰当的方法,不能用本民族文化标准去衡量或者评判其他民族的言行举止。切忌以本民族的标准去评判好与坏、对与错。因为不同民族间由于生活方式、思维模式等方面存在差异,必然会导致彼此对待事物的观点不一样。唯有以互相尊重为前提,才能做到用一种客观的态度来判断、汲取其他民族文化中的精髓。所以在日语的教学当中,一定要使学生建立起文化平等的意识,只讲相同点和不同点,不分褒贬。在对西方文化进行认识与研究时,要保持中立立场,最终用我们学到的外语将中华民族灿烂的文化推广到全世界。

3. 吸收原则

历史经验告诉我们,全盘目标文化与全盘本位文化都是不可取的,一国文化在适应世界文化多元化的同时还要保持自己的独立性和民族性,这样才能更好地生存。去粗取精是必然结果。在中日文化发展的过程中,由于受到当时社会的政治、经济及科技的制约,必然有一部分内容具有时代局限性。有些内容甚至是有悖科学发展的。在日语教学中,注意摒弃过时的、不健康的文化信息,优重正面的、积极的文化信息的对比,吸收日本文化的精华为我所用。

"求同"在文化教学中容易把握及实施,学生也较容易理解。"存异"却是我们在教学中应该着重讲授的方面。对待异于我们本民族文化之处,我们首先要认知、理解,分清楚哪些是可接受的,哪些是不可接受的,对待其中的一些闪光点,我们甚至是欣赏的。如果我们缺乏对两种文化差异的认知,必然会导致学生在交际过程中的错误。

4. 对比性原则

对比性原则是指在日语文化教学中,教师可以引导学生将日本的文化和本土的文化进行对比,使学生发现中日文化存在的差异。

学生通过对比,不仅可以加深对日本文化的认识,而且可以了解不同国家在价值观、思维模式、审美情趣等各方面所存在的差异,一则可以避免形成种族中心主义，二则有助于提高学生的文化理解能力。

对比不仅可以让我们更加深入地理解不同的文化概念，而且可以帮助我们避免不同的文化行为，从而避免根据自己的标准来评判别人的文化行为，也可以避免把我们自己的文化带入到其他文化情境中去。通过对比，学生不仅可以学会区分文化差异，还可以提高自身辨别不可接受文化和可接受文化的能力，从而避免其不加辨析、不加批评地接受目标文化，而且可以提高学生的跨文化交际能力。实际上，很多学生经常犯文化类知识的错误，正是因为其缺乏对文化差异的了解，只关注了文化的相似性，却忽略了文化的差异性。

5. 有效性原则

可以说，拥有跨文化交际能力是学习日语的最终目标。因为不同民族间由于生活方式、思维模式等方面存在差异，必然会导致彼此对待事物的观点不一样。在与其他民族对话的时候，我们要做到有效交际，不是使用相同语言系统就可以保证交流的有效性，还取决于交际双方在宽泛交际环境和特定交际环境中，对礼貌规则和情境因素的认识与把握。在这一过程中，语境起着非常重要的作用。这里广义的交际环境包括自然地理环境、文化环境和心理环境等因素。特定的交际环境则包含了特定的情景因素和规范性因素两个方面，情景因素即交际双方的角色关系、社会地位、谈话主题、交际场合等等。其中社会地位和角色关系主要是指在特定的文化背景下，交际一方与另一方所处的社会位置以及由此产生的人际关系等情况。而所谓的规范性因素，就是指社会成员为自己指定的行为模式，目的是让自己能够得到社会上其他成员的认同。在不同的语言体系中，由于使用了不同的文化背景知识，所以会产生不同的交际效果。跨文化交际的双方都应该进行有效地沟通，上述各方面的规范实现是非常重要的。所以日语教学在文化内容选择上一定要充分考量文化内容的有效性，囊括价值观念文化和地理文化，把握好语言规则以及肢体语言内涵。

6. 适度原则

语言教学并不仅仅是文化教学，我们应该坚持以语言教学为主、文化知识为辅的方针，不应为介绍文化而介绍，应重视教材教学的需要。

7. 实用性原则

文化内容包罗万象，涉及社会生活的各个层面。但是由于日语教学受到各种客观教学条件的限制，教师在日语文化教学中不可能面面俱到地对日本文化的各个方面都进行介绍。因此教师在教学中选择合适的文化内容开展教学，要充分考虑到对象的差异性、日常交际的情景性和其他特定情况。例如，针对低年级学生而言，他们对于语言学习的目的就是为了掌握和运用这些知识去交流，因此，就要求教师对教学内容有一定的针对性，要注重培养学生自主学习能力。也就是说，在进行日语文化实际教学的过程中，教师需要坚持实用性文化教学的原则，注重讲授与学生学习知识紧密相关的文化内容，以及学生日常交流中会用到的礼貌规范，以及与跨文化交际密切相关的文化内容。例如，对于国际贸易专业的学生，教师可以侧重介绍有关贸易方面的文化常识和交际技能。另外，文化教学的实用性原则还要求相关文化教学的内容要有广泛的代表性，所选内容应属于日本代表意义的主流文化，而不必把日本的文化介绍得面面俱到。

8. 循序渐进原则

首先，日语教学要求，不但要加强文化教学内容导入的效果，还要保证内容要点、教学方法和知识量必须适合学生日语语言能力。同时还应该注重文化内容的系统性和完整性，使之符合不同层次学习者的学习特点。文化教学内容的选定，一定要多方面考量，包括学生的实际语言水平和领悟接受能力，以及文化内容自身的统一性和层次性。由简入难，循序渐进。同时还可以通过适当增加课时比例来保证课堂内文化内容的有效讲授。自然地理文化属于表层文化，地理学科是一门综合性较强的学科，它涉及自然、人文等多个方面。情境文化则属于中层文化，它们的内容比较具体、通俗易懂，可以用这两方面导入文化教学内容，使学生熟悉和理解两种文化的不同，并以此为基础，进而介绍文化的深层部分，即价值观文化与社会规范文化。因此应重视不同类型文化的渗透。以学生的语言水平、接受与领悟能力为出发点，明确文化教学内容，从浅入深地发展学生学习目标文化的兴趣，从简到繁，从现象走向本质。

总而言之，语言与文化不可分离，二者是互相影响的关系，学习语言的前提是认识文化，认识文化也离不开语言的辅助。只有将二者有机结合起来，才能真正提高外语教学的质量。加强日语教学学习者文化意识的培养，是我们促进跨文化交际的急切任务。

（二）日语文化教学的目标

文化教学以培养学生文化意识为主要目标，对不同教育阶段学生文化意识的要求应该体现出差异性和分层性。日语文化教学的目标共有八个等级。

一级：对日语学习中的日本文化感兴趣。

二级：了解最基本的日本文化和习俗。

三级：对中日语言交际中的文化差异有模糊的认识。

四级：在日常学习和生活中能注意到中日文化的差异。

五级：对中日文化差异有更深一层的认识和理解。

六级：能熟知日常交际中的中日语言的文化内涵和背景。

七级：在充分理解交际中的中日文化差异的基础上，初步形成跨文化交际意识。

八级：能客观、正确地尊重和包容日本文化。

下面我们对课程标准中的二级、八级日语文化教学目标进行详细描述。

1. 二级目标

（1）知道日语中最简单的称谓语、问候语和告别语。

（2）对一般的赞扬、请求等做出适当的反应。

（3）知道国际上最重要的文娱和体育活动。

（4）知道日本最常见的饮料和食品的名称。

（5）了解日本重要的节假日。

2. 八级

（1）理解日语中常见成语和俗语及其文化内涵。

（2）理解日语交际中常用典故或传说。

（3）了解日本主要的文学家、艺术家、科学家的经历、成就和贡献。

（4）初步了解日本的政治、经济等方面的情况。

（5）了解日本主要大众传播媒体的情况。

三、日语文化教学的内容与方法

（一）日语文化教学的内容

开展文化教学的时候，教师要求学生既要了解文化差异，学习包容目的语文化，还要学会如何以正确的态度对待不同的文化，引导学生掌握正确有效的交流技巧和方法，提高其跨文化交际能力。唯其如此，交际双方的真正意图才有可能得到顺利地表达，达到有效交流。文化教学的内容大致包括三方面，即言语文化、非言语文化和交际文化。这既适用于研究不同语言的文化，也适用于同一文化不同层面的研究。在教学过程中，教师要有针对性地将两种不同文化进行对比研究，这样做不仅可以让学生的认识更加深刻，而且可以令其理解更加透彻。

1. 言语文化

言语文化通常从两个方面来研究，即与语音相关的文化内容，以及与语法相关的文化内容。

（1）与语音相关的文化内容

即使是同一种语言在不同的地区或国家也会有区别，我们可以据此判断出说话人的文化特征。语音不仅可以反映说话人的性别特征、区域特征，还可以反映说话人的社会地位等。对一门语言的语音全貌的理解是非常必要的。要从其音系说起，音系是由元音、辅音与声调组成的。在此有必要对声调作一专门阐述。声调是附着于音节之上的一个超音段构成，主要是音高的成分，即声调在一个完整音节中表现为音高的变化。日语声调属于高低型，汉语声调却是同时囊括了高低轻重。以现代东京话为例，它的声调单位是"拍"，各拍间有相对高低之分。它不同于汉语，汉语声调在同一个音节内高低变化。自古以来，汉语声调就一直是词语的音位成分且能够区分含义。日语并非声调语言，一切声调都不分词义。因此汉日语音在声调方面则不做对比。日语汉字词音读有汉音与吴音之别。汉音与吴音不只是传入日本时间的先后问题，虽然都是从中国引进日本，但区域不同。吴音通常被认为是在5世纪的日本大和时代，由中国南朝引入的汉字音，这种汉字音，主要是我国南方语音。汉音则是8世纪的日本奈良时期，从中国唐朝引进的汉字音，是由日本的遣唐使从中国唐都长安带回来的声音。尽管吴音与汉音分别属于两种语音系统，但是两种语音系统音系相近，就是和汉字相对应的时候有不同。因此，我们进行汉日音系比较的时候，没有把日语汉字词中吴音、汉音单独同汉语进行对比。日本的音系部分传承了中国的音系，因此二者不仅在语义上，而且在文化的内涵方面也存在着一定的共通性。

（2）与语法相关的文化内容

语法能够揭示一种语言连字成词、组词成句、句合成篇的基本规律。文化背景的不同就会导致语言的表达方式各异。此外，不同的表达方式还能反映出不同民族的思维方式。语法揭示了中日民族之间的思维方式的不同，其实，日语语言的学习也体现着中日民族之间思维的不同。对学习者来说语法是"赖以学会使用语言的手段"。学习者的目的是学会如何使用语言，语法只不过是达到这一目的的一种手段而已。也就是说，学习者不是想学语法，而是想学语言。与此相反，对于母语说话者而言，思考母语的语法，是一种"探索、梳理现行语言结构"的工作，这种工作本身就可以成为目的。从语言学角度来探讨日语结构的"日语语言学"语法，正是这种源自母语说话者角度的语法。如上所述，母语说话者与学习者的语法观迥然不同。因此，母语说话者（或者虽非母语说话者但已熟练地掌握该语言的人）在考虑教授语法时，有必要认真审视自己思考语法的角度与学习者的角度是否一致的问题。毕竟学习者并没有亲身经历日语的那种文化环境，况且，在日本语言学习方面，学习者的语法体系不是静止的，而是由初级到中级、由中级到高级持续变化着的一种动态连续体，因此，学习者如果不能有像日本人那样学习日语语法的连贯性思维，就很难将日语学好。

2. 非言语文化

首先我们要明白非言语交际的概念，非言语交际是指言语行为以外的，所有交际者及交际环境对交际的激发，这些刺激物对交际参与者来说，都有可能产生信息价值。这些刺激物一旦为对方所知觉，便有了交际意义。非语言交流方式是人们为了实现某种特定目的而运用的一种特殊手段。既有表情、手势等肢体语言，也包含了不同的文化对于时间、空间、色彩、嗅觉、听觉、视觉等方面的不同感知观点。因此，在交际活动中，非言语交流是一种最基本的方式，也是最为常用的手段。对交际过程起着非常大的促进作用，能有效协助执行言语行为，正所谓"此时无声胜有声"，非言语交际在某些特定场合的效果更胜于言语交际。与非言语交际有关的文化也是日语文化教学应该涉及的内容之一。非言语交际的构成要素主要有以下几种。

（1）举止神态

举止神态指的是人的身体动作或是身体语言，如人的举手投足、眼神或表情都属于举止神态。非言语交际所涉及的举止神态的内容可以总结为面部表情、手势和姿势三个方面。

第一个方面,面部表情。

面部表情往往是人的内心情感的自然流露。它是人们传递感情和分析他人感情的主要渠道。在交际中,人们首先通过对方的面部表情判断他的真实情感和意图。如何运用面部表情体现了不同文化对于情感流露的不同理解。日本人认为,一个人在公共场合克制自己气愤、悲伤、爱慕、高兴等强烈情感的流露是智慧和成熟的表现。

非语言交流方式是人们为了实现某种特定目的而运用的一种特殊手段。以微笑为例,微笑在人类日常生活中十分常见,但在跨文化交际中却最易造成误解。微笑一般表示高兴和友好,但是在亚洲文化中,微笑还有其他一些含义,例如,害羞、尴尬、生气、抱歉、拒绝等。日本人还经常用微笑掩盖内心的痛苦。这种非语言交流方式对欧美人来说是非常陌生的。

第二个方面,手势。

在人与人之间的交际中,手势是最常用的肢体动作。尽管不同文化中的许多手势在动作上是一致的,带有普遍性,但不同民族使用相同手势所表达的含义却有可能截然相反。手势的不同含义会影响人们对它的理解和运用,因此要注意研究不同文化的差异性。在不同场合正确使用恰当的手势。比如有些手势在某种文化中表现为积极的、幽默的行为,但在其他文化里则是消极的、不礼貌的,甚至冒犯他人的行为,很容易引起跨文化交际中的误解和冲突。这也在一定程度上体现了非言语交际符号与其代表含义之间的任意性。

第三个方面,姿势。

姿势包括站、坐、蹲、跪等动作,是人的肢体用来传递信息的主要方式之一,我们通常可以透过不同的姿势得到不同的潜在信息。在社会交往中,人们往往根据一个人的姿势和举止来判断他的性格和修养,姿势的得体性却是因文化而异的,并不具有普遍性。

日本人以见面行鞠躬礼著称,日本人的鞠躬动作不仅具有问候的功能,而且体现出对等级、社会地位和正式礼仪的重视。因此日本人对于尊者的鞠躬姿势越低,越表示尊重。地位低者要先鞠躬,而且一定要比对方的姿势更低,时间更长。

如果双方地位相等,鞠躬则应该有同样的深度和时长。

人们的坐姿也同样具有一些文化的特征。多数国家的人一般坐在椅子上交流,而阿拉伯人则喜欢坐在地上交谈,日本人也有坐在"榻榻米"上吃饭聊天的传统。

由上可知,举止神态的熟练掌握能帮助我们成功地进行跨文化交际。由于不同文化中动作的习惯不同,学习者要加以注意并用心领会。

(2)副语言

作为"辅助语言",副语言具体包括人讲话声音的音调、音量、重音和其他要素,它是指与话语相伴而生,或者作用于话语的有声现象。副语言属于某些超越语言特征之外的额外现象,人的语言主次分明、抑扬顿挫,说话者的思想感情与态度可以由声音的高低、强弱体现出来。另外副语言还包括表示不同含义的声音,如咳嗽、呻吟、叹息等。

(3)环境语

所谓环境语,就是由文化自身引起的包括空间、时间、信号、色彩、建筑、声音等在内的各种生理与心理环境。由于语言与文化有着密切的关系,因此,环境语也就成了一种特殊的社会现象。这些环境因素均可以给交际带来讯息,因此,环境语还可以表现出文化特性。不同语言中的各种环境语具有各自独特的风格与特点。现以时间为例来加以阐述。

首先,时间行为是人与人之间交往接触时,对时间所表现出来的一种处理方式。时间观决定了人对时间认识、判断的标准。不同文化的人对时间有不同的看法。时间观作为一种思维方式,是社会历史发展到一定阶段的产物。赫尔教授认为,人类的时间观念存在着两种文化模式:单一性的时间,多元性的时间。

单一性时间模式强调严格遵守日程安排,该干什么的时候就要干什么,不管任务是否完成,只要时间一到就必须停止,绝不能打乱这种安排。多样性时间模式,使用时间时根据情况,一项工作可能干得时间很长,也可能干得时间很短;或同一时间干一件事,或同一时间干多件事。这一切取决于某些当事人或管事人的意愿。

(4)近体距离

近体距离指的是人们在谈话交流中与他人保持的空间距离,以及人们对家、办公室、社会团体里的空间的组织方式。根据交流种类和性质的不同,可将其分为私密距离、个人距离、社会距离、公众距离四种类型。

第一种类型，私密距离。

私密距离可以是近距离的，真正的人体接触就属于这一概念范畴，通常出现在谈情说爱时，出现在知心朋友之间，出现在父母及依偎着父母的孩子之间或一起玩耍的孩子之间。它也可以是稍远距离的，即保持46厘米以内的距离，这是一般较为密切的关系距离。

第二种类型，个人距离。

个人距离的范围是46—120厘米。个人距离是人们之间保持得最为自然的距离。在这个距离内，人们同样可以进行日常的非语言交际行为，如握手或牵手等。

第三种类型，社会距离。

社会距离的范围是120—360厘米。一般情况下，社会距离保持在离他人一臂之长的地方。我们处理非私人事务一般就在这一距离中。它适合于正式的公务活动、商业活动或社交活动。

第四种类型，公众距离。

公众距离的范围是360厘米以外，是以上所有距离中最为安全的一种。一般教师上课、司法调查、商业谈判等都必须保持这样的距离。在这一距离内，人们通常不会发生谈论或是交流。

（二）日语文化教学的方法

在日语教学过程中，文化教学方法与技巧不仅受教学目标、教学内容等因素影响，还受自身特殊性所限。常见文化教学方法如下。

1. 直接导入法

首先，直接导入法就是教师在进行语言教学时，将语言中文化背景知识直接导入学生脑内。这种方法能使学生很快地掌握和熟悉所学过的词汇、语法等基础知识，是最为简便易行的文化教学法之一。这种方法不仅能激发学生的兴趣，而且还可使他们迅速地掌握所学内容，达到事半功倍之效。在中国，教室是同学们学日语最重要的地方，脱离了教室，同学们便几乎没有别的运用日语的情境，因而当遇到与课文相关的文化背景知识时，同学们总觉得很陌生、很难懂。

总之，在教学中，在突出学生主导地位的基础上，教师要尽量发挥自己的引导作用。在向学生介绍有关文化背景知识时,要语言精练、言简意赅。另外,教师还应结合具体教学内容进行拓展讲解。为此,教师在备课时可以挑选一些与教学相关的、具有典型性的文化资料,在课堂中合理应用,这既增加了教学的知识性和趣味性,也能使学习内容在广度与深度上不断拓展,又能激发学生求知欲,营造良好的课堂氛围,促进日语教学开展。

2. 文化旁白

作为注解法的一种,文化旁白相对于其他形式更便捷。它是用于社会文化知识传授的一种手段,更是老师们上课最常使用的技巧。所谓"文化旁白",就是把教材中与某一主题相关的背景资料穿插到课文当中去的教学方法。在语言教学中,老师们见缝插针地对于阅读过的资料或者听到的相关文化知识作简要介绍与探讨。

针对这种情况,教师应该重视文化知识在课堂中的渗透。日语课的教学目标不只是让学生们学会用日语进行日常交流,提升学生的价值观、教育观、文学修养也是日语教学的目的之一。使他们在社会生活和风俗习惯等方面加强跨文化意识,进而促进学生综合运用语言的能力。同时教师也应注意培养学生的跨文化交际技巧,以提高教学效果。对于学生而言,他们理解目标语更大的阻碍往往是文化差异,文化旁白的应用可以最大限度地消弭这种文化差异阻碍。

教师应用文化旁白的教学方法时所扮演的角色是讲解员。教师在备课的时候要精心挑选可利用的图片或视频,在课堂上合理利用多媒体教学,以课件的形式对文化背景知识进行穿插讲解。另外,教师还应结合具体教学内容进行拓展性地讲解。目的都是为了帮助同学们加深对所学知识理解的广度和深度,也有利于充实学生感性认识和增进学生理解。它要求教师根据教材特点以及不同教学内容采用适当的教学方式和方法。这种教学方法具有机动灵活、应用广泛等优点,可长期使用,其不足之处在于随机性非常大,完全由老师主导把控,而且要求教师具有高度的语言文化驾驭能力,具备一定的教学技能及艺术。

3. 词汇渗透文化法

可以说,熟练掌握词汇是学好日语的根本。通常人们认为词汇学习只要牢牢记住就可以了,但对大部分日语学生尤其日语基础薄弱的同学来说,背诵日语词汇并不容易。所以日语教师要为学生提供一些行之有效的建议和方法。开展词汇教学的时候，教师除传授学生按照联想记忆等规则记忆外，也可适当激发学生的学习兴趣，比如在学生背单词前为其介绍词语的文化内涵，有文化背景的加持，可以加深词汇在学生脑海中的印象。另外日语学习中有一个不可忽视的方面：日语里经常用到的几个短语和俗语。这些俗语常常承载着许多文化知识，有的则反映出巨大的文化差异，如不具备有关文化背景知识，便难以理解背诵，更无法正确使用。所以，将文化导入日语词汇教学有利于帮助学生进行深层次日语研究。

4. 对比分析法

在跨文化研究中，对比分析法不仅占据主导地位，它还是第二语言教学中的一种重要手段。通过比较分析能够使学习者更好地掌握母语文化与目的语文化之间的差异。对文化教学而言，文化的对比分析法经常被教育者使用。它以比较为基础，结合了多种教学方法和手段。老师一边为学生增补日语文化内容，一边比较日语和汉语两种文化的差异性。它能够发展学生对于汉语文化与日语文化之间差异性与相关性的理解，进而增进他们对于两种文化的全方位了解。比较法一般体现在词汇、语法以及语用等方面的应用情况。比较的目的，主要在于通过比较，使学生找出本国文化和目的语文化的相同点和不同点，正确区别知识文化因素与交际文化因素。因此，对比分析法被广泛应用于各种文化教学当中。应用此法时，比较不应局限于表层形式上，还要对其内涵进行深层次比较。不但在语言上需要比较，还必须进行非语言比较。

5. 学习和鉴赏外国文学作品

在教师的引导下，学生多角度解剖文学作品，理解角色的感受，理解不同文化背景下角色之间的文化冲突，这种方法对进行文化教学是十分有效的。

目前，在日语教学当中，很多学生对日本文化的理解，还停留在靠间接地阅读小说等文学作品。文学作品是一种特殊类型的语言资料，其内容丰富复杂且内涵深刻，可以帮助学生理解不同民族之间的文化差异。但不少同学在读文学作品时，把重点放在有趣的剧情或丰富词汇量上，而忽视了文学作品所体现出的风俗习惯等文化细节。这样就导致了一些学生在阅读作品时，不能很好地理解其中蕴含的丰富文化底蕴。所以，老师要正确引导学生进行文学作品的阅读，指导学生重视并积累有关文化背景知识，并且恰当地为学生进行不同文化的比较分析，进而大大增进学生对文化知识的了解。

第四章　跨文化交际视角下的高校日语教学策略

本章的内容为跨文化交际视角下的高校日语教学策略，共分为四节进行介绍，分别为跨文化交际视角下高校日语口语教学、跨文化交际视角下高校日语阅读教学、跨文化交际视角下高校日语写作教学、跨文化交际视角下高校日语翻译教学。

第一节　跨文化交际视角下高校日语口语教学

一、日语口语教学的原则

（一）鼓励原则

交际日语能力的提高是一个循序渐进的漫长过程，需要良好的日语氛围和不懈地努力。因此，教师应该致力于为学生营造这种口语学习氛围，鼓励学生不断练习口语。具体来说，教师可以从以下几个方面着手。

（1）上精读课时，教师可以要求学生发表与课文主题相关的看法，通过这种方式，一方面可以锻炼学生的口语表达能力，另一方面也能够有效促进学生对课文主题的理解程度，提高其独立思考的能力。

（2）教师可把"听力课"变成"听说课"，让学生听完材料以后对材料主题、内容等发表意见。

（3）教师可鼓励学生多参加日语课外活动，如日语角、辩论赛、日语朗诵、游戏角色扮演等，这些灵活多样的活动都需要学生开口说日语，有助于吸引学生的兴趣，增加学生的口语练习机会，引导学生变被动接受为主动开口。

（4）注意纠正错误的策略。很多学生由于口语基础薄弱，因而不敢开口说日语或说的时候十分紧张，害怕出错，此时教师若揪住学生口语表达中的大小错误不放，大讲特讲，学生就会产生畏惧心理，以后更加不敢随便开口了。

因此，对于学生的口头表达，教师应该多表扬、鼓励，不要逢错必纠，而应纠正那些严重损害语义的错误。另外，学生的表达陷入困境时，教师也应给予帮助，使学生顺利完成表达。

（二）与实际生活相关的原则

在交际日语教学中，教师可为学生多设计一些与实际生活相关的情景，使学生意识到交际日语的实用性、重要性、有趣性，从而积极投入口语练习活动之中。例如，教师可以根据中日饮食文化的不同，让学生用所学词汇将中日美食做一番总结、对比等，一方面巩固了学生的词汇量，另一方面也锻炼了学生的日语口语。需要指出的是，在情景练习中教师还要鼓励学生变换句型，不能一成不变地使用同一个句型，否则对其口语能力的提高是十分不利的。

（三）坚持日语教学的原则

交际日语教学时间不足严重制约了学生的口语发展，因此教师不应该采用汉语授课，而应坚持使用日语授课，充分利用课堂上的每一分钟，增加学生与日语的接触，这将有助于培养学生用日语看、听、说、读、写、思考的习惯。即使班里学生的日语水平差别较大，教师也不能放弃用日语教学的原则，而应使用一些简单、基本的教学用语，尽量保证每位学生都能听明白，久而久之学生的听力水平就会有所提高，教师可逐渐使用一些较难的课堂指示语，促进学生的口语表达。教师在用日语授课时应注意学生的反应，观察学生是否听懂了，对于个别十分难懂的地方也可适当用汉语解释，但点到即可，汉语使用不能过多，否则很容易增强学生对汉语的依赖。

二、日语口语教学的方法

（一）日语语法教学应用于日语口语教学

在外语教学中，口语的教学十分重要，在日语学习中也是同样。通过口语教学，学生能够更加顺畅地同以日语为母语的人进行交流。在对学生进行日语口语教学时,可以将日语语法教学应用其中,让学生体会到日语语法与中文语法的不同之处,以提高学生的学习兴趣。

1. 日语语法的特点

关于语法的性质至少可从以下 3 个方面进行概括。

(1) 抽象性(概括性)

语法讲的是规则,而规则最大的特点就是抽象性。语法所阐述的语言的结构规则是从无数的具体的千差万别的句子中抽象出来的,虽然个别的语言材料无以数计,但作为客观存在的词的结构方式、词组和句子的结构规则等却是有限的。因此日语的语法具有抽象性和概括性。

(2) 稳定性

语法与基本词汇构成语言的基础,具有很大的稳定性。虽然语言总是处于变化之中的,语法也会随着时间的推移而发展演变,但同词汇、语音相比,语法的变化要缓慢得多,因此语法具有稳定性。语法的稳定性也与语法的抽象性密切相关。语法是一个由各种抽象的规则构成的有机体系,许多语法手段和语法范畴都会沿用很多年而较少发生变化。

(3) 民族性

各种语言都有明显的民族特点。这不仅表现在语音和词汇上,也表现在语法上。一种语言语法的民族性特点只有在同其他语言的比较中才能总结出来。例如,日语语法的民族性主要体现在:形态比较发达,语法意义和语法功能通常是通过特定的标记来表示的,即日语的有标性比较明显。

2. 语法教学的作用

在日语口语教学中采用语法教学,能够增加学生对于日语的理解,激发学生对于日语学习的兴趣,有利于学生更好地学习日语。如今,在社会生活中日语越来越受到重视,在日语口语教学中增加语法教学,改变了以前那种传统的、单一的日语口语教学方式,有利于学生的理解,提高了日语口语教学的效果。无论在任何语言的学习中,语法的学习都是基础,在日语学习中,通过学习语法,学生能够对这些日语的语句成分进行理解,从而更好地进行日语口语表达。不过,语法的学习有一定难度,学生要想通过语法来理解句子的成分,就必须要掌握较好的语法知识。

学生要想学会理解日语的句子或文章，语法是十分重要的。如果学生没有学习语法，那么就算他掌握了一些词语的意思和用法，也无法通过这些单个的词来理解整个句子或文章，即便是学生通过掌握的一些单词或短语可以理解某个句子或文章，但是最终理解而成的成品也会比较凌乱和琐碎。造成这种现象的根源就是学生没有学习语法，因此，他们也就无法理解整个句子或文章的成分，从而无法准确地对句子或文章做出理解，也就无法进行流畅的口语表达。所以学生要想练就更好的口语表达能力，就一定要学习语法知识，只有这样，他们才能更好地掌握句子或文章的结构，从而更好地理解句子或文章。通过对这些句子或文章的语法结构进行掌握，学生才能够不断提高自身的口语表达能力，更好地进行跨文化交际。

　　3. 日语语法教学在口语中的应用

　　（1）在日语口语单词句子教学积累中，增加语法教学。

　　在日语口语教学中应用语法教学，有一定的益处。因此，为了更好地实现对日语口语教学效果的提升，我们需要不断强化对日语口语教学方法的研究力度。在日语口语教学中，学生首先要增加词句的积累量，这样在进行口语教学时才不至于毫无基础，不知所云。另外，还应该重视培养学生良好的语音语调意识和习惯，通过发音训练来增强他们的日语语感。运用语法教学的方法来进行日语口语的教学，在日语口语教学中要密切结合词与句，它是开展语法教学中至关重要的一环。教师需要根据日语学习者的特点以及认知规律，制订出科学有效的教学计划，将日语语法知识融入日常教学当中，从而帮助学生掌握更多的词汇与句型，更好地进行日语口语练习。采用语法教学还能够提高学生掌握句子成分知识的能力，使学生懂得使用哪些词语、哪种语法能构成更连贯、更流畅的语句，通过整理流畅的日语句子，学生可以奠定一个良好的口语交流基础。因此，教师要重视对日语词汇的积累与应用，通过将词汇合理地组合搭配使用来提升日语表达效果，进而提高学生的表达能力和交际水平。教师开展这项教学活动，应重视营造良好教学环境，由于日语语法教学中存在着一些教学上的困难，故而引起学生注意与关注力比较困难，所以教师在运用语法教学布置口语教学作业的过程中，应重视加大与学生教学互动，加大学生与学生间的交流，建构合理化的教学目标，做到因材施教，对于日语学习能力差的同学来说，要提高教学耐心，才能最大限度地提高教学效果，推动学生全面发展。

（2）在日语口语交流过程中，利用语法教学，增加学生的理解度。

老师给学生们布置了单词、句子等比较基本的日语语法教学作业之后，教师应进行第二步的教学作业。这一阶段主要是培养学生对于日语语言知识的理解和掌握。通过语法教学，学生能够了解句子成分，对于很多句子有了更加深刻的理解。教师向学生传授口语交流的知识，即要求学生说日语的句子，并发表文章，以增强其口语交流的能力。教师可以借助多媒体或者通过其他手段为学生提供丰富的教学资源，从而使其更好地完成第二语言的学习任务。在这样的教学中，教师在口语教学中，首先应借助声音资源、多媒体资源，使学生根据多媒体及声音资源，读准日语发音，观察句、篇语法机构和词在句中的构成。其次，教师还要指导学生学习课文内容并将其运用到日常语言活动当中去。在学生把握语句、把握文章主旨、理解了文章及句子的大意后，教师应指导学生分析全文及语句，找出全文教学中语法特点和语法知识。同时，还需要培养学生的逻辑思维能力，帮助他们更好地理解日语句子和文章。经过同学们对语法知识的观察分析，教师可采用小组方式，请同学们分组讨论，或请同学们上课当众议论，以提高学生对语法知识的记忆，增强其日语口语交流能力。通过这样的学习方法，能够有效促进学生日语语言综合应用能力的发展。这说明日语语法与口语教学之间存在着紧密联系性。二是要最大限度地提高语法口语的教学效果，教师的教学过程，能使学生将已获得的知识及语句，根据已掌握的语法知识独立建构文章短句。例如，教师可以引导学生从单词、词组到整篇课文都按照一定顺序依次进行阅读。完成之后，老师鼓励同学们读这句话、读这篇文章，与同学们共同探讨、共同分析，找出它们在语法运用上的优点；对于所构成的语法运用得比较到位的日语文章，教师可让不同的学生朗读，分门别类地进行人物交谈。这既增强了学生们日语口语交流能力，还能让学生更好地获得语法知识，达到日语教学中最理想的目的，为同学们今后的日语学习创造良好的条件。

谈到日语语法教学中口语的运用，教师必须先提高学生单词积累量、句子积累量，为口语教学打下扎实基础。提高单词积累量，有利于学生对日语句子及文章的形成，进而加大对学生口语交流能力培养。通过大量地进行词汇忆记训练，能够帮助学生掌握更多的知识内容。其次，教师还需在日语口语的沟通过程中，运用语法教学，提高学生理解度等，使教学达到最大效果，推动学生全面发展。

（二）配音与角色扮演

1. 配音

配音活动的开展方式并不是固定的。教师可以先让学生听一段电影、电视片段，再讲解其中的语言点，讲解完后再播放两遍给学生听，让学生尽量记住里面的对白。然后将电影、电视调至无声，让学生根据记忆为电影配音。除此以外，教师也可以让学生观看一段无声的电影、电视，然后让学生发挥想象力为画面配音。这种方法更有助于激发学生的想象力，调动他们的参与积极性，口语锻炼的效果也会更好。

2. 角色扮演

角色扮演是一种深受学生喜爱的教学活动，也是情境教学的一种主要教学手段。操作时，教师可先为学生提供一个具体的情景。这种角色扮演有助于增加口语教学的趣味性，降低学生对口语学习的畏惧感；有助于将学生从机械、重复、单调的练习中解放出来，给学生提供在不同的社会场景里以不同的社会身份来交际的练习机会，因此对口语教学的效果有很大的提升作用。

（三）协作式教学法

1. 协作式教学方法概述

协作式教学法，顾名思义，就是指通过互相协作的方式对学生进行教学。在协作式教学方法中，建构主义学习理论是其理论基础，在这个理论基础中，起到关键作用的就是个体的主动性。在建构主义学习过程中，学生是中心，因此，在日语口语课堂上，在教师的指导下，学生要学会主动、积极地与他人协作和交流，从而完成对日语的意义建构，这就是在日语口语课堂上使用的协作式教学方法。

2. 协作式日语口语课堂教学模式的应用

协作式教学，是以学习者为中心的，以协作学习为组织形式，主要强调的就是互动、交流与协作，而口语的训练过程也需要与他人交流，因此，在日语口语课堂中采用协作式教学模式，十分相得益彰。在日语口语课堂中采用协作式教学模式的主要步骤是：首先教师要引导学生确立一个明确的目标，然后教师要精心设计任务；其次，以这个设计任务为场景，学生们开始自由寻找合作伙伴，然后不同的合作成员分别组成学习小组，学生们以小组的形式开始互相协作，利用各种资源进行语言意义的建构，通过协作学习，最终完成任务；再次，这些不同的小组开始轮流上台展示结果，教师与学生进行点评，提出自己的意见与建议，帮助其使结果更加完美；最后，教师要总结其中经验，巩固学生们的知识与理论，同时为下一次的日语口语的协作式教学模式做好准备。

（四）灵活练习法

1. 机械练习

机械练习不需要学生进行太多的思考，只要依样画葫芦即可。这种练习很简单，主要用于帮助学生记忆所学句子的语音、语调和句式。机械练习的方式主要有两种：仿说练习和替换练习。

（1）仿说练习

仿说练习中，教师先为学生读或播放一篇语音材料，然后让学生模仿教师或录音的发音、语调，感知词语、句子的使用。在学生说的过程中，教师要注意检查其说的效果，如语音、语调是否正确，发音是否清晰，表达是否完整等，从而发现其中的问题并予以纠正。

（2）替换练习

替换练习中，教师可以先给出几个例句，告诉学生替换的是哪些部分，然后让学生用所给出的成分加以替换，如用同类词替换原句中的某个单词；用单词或词组替换原句中的某个单词；变换句中的名词数量；变换句中的动词时态。

2. 复用练习

复用练习是一种围绕课文、教师讲过的材料或情景来开展的练习活动。学生必须要通过一定的思考来获得答案。这有助于锻炼学生的思考能力。下面我们就来介绍几种常见的复用练习方式。

（1）反应练习

反应练习中，教师可以一边说句子，一边呈现事物、图片或做动作，将所说的内容表现出来，并让学生参与进来。

（2）变换说法

变换说法的练习中，教师可以提出一个问题，让学生用不同的表达方式进行回答，从而丰富学生的表达方式，开拓学生的思维，提高学生对语言的掌控能力。

（3）组句练习

组句练习中，教师可以让学生用重点练习的词汇、句型等发展对话或说一段话。

（4）扩充句子

扩充句子练习中，教师可提供一些简短的句子，让学生通过增加定语、状语等句子成分将句子扩充为一个长而复杂的句子。这种练习方式有助于学生循序渐进地提高句子输出质量。

（5）围绕课文进行练习

围绕课文进行练习既可以让学生用课文中的重点单词、词组说一段话，也可以让学生读完课文后回答问题。

3. 活用练习

活用练习和复用练习之间既有相同点，又有不同点。相同点在于二者都需要学生认真思考，重新组织语言。不同点在于，复用练习不能脱离课文，而活用练习则允许学生发挥自己的想象力、创造力，利用课文的内容和语言来描述自己的生活，表达自己的思想和情感，因而使其练习得更深、更广、更具挑战性。下面介绍两种活用练习的方式。

（1）用课文中的语言叙述自己的生活。学生读完课文后，可以让其用课文中的关键词句自己说一段话。例如，学习了关于家庭的课文后，学生也可以介绍一下自己的家庭；学过关于日本节日的课文后，学生也可以介绍一下中国的传统节日；学过关于友谊的课文后，学生也可以发表一下自己对友谊的看法。

（2）教师提出议论性问题，学生发表见解教师可针对课文中的某个人物、情节或主题提出有争议的问题，让学生自由发表见解。

（五）对分课堂引入日语口语教学

1. 对分课堂模式下的日语口语教学

所谓对分课堂，就是指将课堂分为两部分，一部分由教师来讲授知识，一部分由学生自主学习。在日语口语教学课堂上，其目的是教会学生日语知识，并使学生将这些知识用于口语会话实践中，不断提高学生的口语交际能力。

下面，以《日语口语3》教材中的第一课《自我介绍》作为实例，通过对分课堂模式来对学生进行日语口语教学。在这个课程中，对学生进行日语口语授课，可以将其授课流程分为三个步骤，这三个步骤分别是教师讲授、学生的内化和吸收以及学生之间的讨论。

第一个步骤是教师讲授，这个步骤的时间有45分钟。由于这节课是学生新学期的第一节课，那么在这堂课上，教师要向学生介绍对分课堂的授课模式，同时还要向学生讲述清楚这个课程的要求和目标，使学生对这个课程能够更加清晰明了，让其不至于云里雾里，稀里糊涂。当教师向学生阐明这些基本情况之后，教师就可以正式开始向学生讲授教材上的课程了。在授课环节，教师要重点讲解一些常用语言的表达方法，引导学生完成教材上的练习，向学生讲授书中"自我介绍"时常用的语言表达方法，还要向学生讲清楚其中的一些注意事项，并且向其介绍相关敬语的知识与用法表达。

第二个步骤是学生的内化和吸收，这个步骤主要是在第二堂课进行之前、第一堂课结束之后进行。当教师向学生讲解完第一堂课之后，学生对于一些日语口语中敬语的表达以及"自我介绍"的相关语言表达有了清晰地认知，在课下，学生就要对这些知识进行反复琢磨，使之内化为自己的知识，否则，教师讲解的知识学生也只是在脑子里有了个印象，对其理解并不深刻，囫囵吞枣，无法进行之后的运用与实践，不利于学生之后的学习。一般情况下，教师会布置课后作业，以便于学生可以通过对课后作业的独立完成来进行内化和吸收。

教师可以布置这样的课后作业，比如用日语介绍自己的亲人与家乡，用日语介绍自己的兴趣爱好，阅读"文化专栏"，调查其他国家文化礼仪并将其他国家文化礼仪与日本文化礼仪做比较等等。

第三个步骤是学生间的自由讨论。当学生学习完课堂知识并将其吸收内化之后，教师可以通过学生间的自由讨论来让学生进行会话练习，使学生可以自由地练习日语口语。在课上为学生提供一个日语口语的交际环境，使学生身临其境，同时也可以提高学生对日语口语的兴趣。同时，通过小组讨论，学生也可以对作业的一些想法与意见进行交流。小组讨论完成之后，教师可以选出几位同学，让他们到讲台上分享自己的心得。之后，教师对其做出点评，对于学生好的地方做出鼓励，对于学生不好的地方教师要向学生说明，耐心地指导他们。学生也可以进行互评，这样学生能够更加理解老师，同时也能够更加正视自己，有利于学生之后的学习。这个小组合作交流与讲台发表的课堂环节，能够拉近教师与学生之间的距离，加深学生之间的交流，有利于学生与学生之间、学生与教师之间更好地互动、交流与协作。

2. 对分课堂模式下的日语口语教学成效

在日语口语教学中采用对分课堂模式，一节课教师用来讲授新知识，一节课学生之间用来自由讨论，这会取得一定的成效。

首先，这种模式减少了学生的思想负担，给学生留出了足够的时间进行知识内化和吸收，便于学生更好地理解新知识。在传统的课堂上，教师讲解新知识，然后接下来便是对这些新知识展开练习，完全没有给足学生理解内化的时间，不利于学生的学习。而在对分课堂模式下，教师的隔周讲解避免了这个问题，增强了学生的自信心，有助于学生在课下勤能补拙，更好地跟上课堂的进度，使学生能够更好地学习。

其次，在这种对分课堂模式下，学生们通过独立地学习能够获得一些不同的信息，这就构成了信息差。信息差，就是指由于传递信息的不同造成不同人之间的信息拥有一定的差距，即有的人掌握的信息比较多，有的人掌握的信息比较少，这就形成了信息差。由于学生之间拥有这种信息差，当学生进行自由讨论的时候就会比较具有新鲜感，这样能够激发学生的兴趣，促进课堂的教学。

最后，这种对分课堂模式融入了多种教学方法，如合作教学法、任务教学法等等，能够培养学生的合作精神和团队协作能力，有助于活跃课堂氛围，促使学生更加积极地参与到学习中。

第二节 跨文化交际视角下高校日语阅读教学

一、日语阅读教学的原则

（一）激发兴趣原则

无论是何种学习，抓住学生的学习兴趣才能得到最好的效果。因为兴趣是最好的老师，它可以激发一个人对事物的热情，可以调动一个人的积极性。学生对阅读是否有浓厚的兴趣是教学成败的关键，因为学生对阅读产生了兴趣，便会积极主动地投入阅读的学习当中。所以，教师要注意教学内容的适当变换和教学形式以及手段的多样化，尽量避免教学活动的枯燥乏味，使阅读教学经常保持新鲜感，使学生学会阅读，乐于阅读，变被动阅读为主动阅读。

（二）因材施教原则

每个学生都有着属于自己的个性，学生与学生之间又存在着差异，学生的个体差异直接影响学生的阅读进程。因此，教师应注意满足不同水平学生的特殊需要，力争使每个学生都能相应地发展阅读技能。对于一些阅读成绩不佳，甚至自暴自弃的学生，教师可以先给他们简单的阅读材料，并逐步增加难度，让他们看到自己的点滴进步，还要经常表扬、鼓励他们，帮助他们重新建立起学习的信心。而对于一些基础好的学生，课堂上的阅读常常满足不了他们的阅读欲望，教师应向他们布置一些富有挑战性的阅读任务，以满足其阅读欲望，比如介绍和推荐一些通俗的世界名著等读物。总之，教师要认真分析学生情况，结合每个学生的特点，在教学中有意识地对不同的学生提出不同的要求，采取不同的方法，真正做到因人而异、因材施教。

（三）速度调节原则

阅读速度和理解能力因人而异。既有阅读速度快、理解能力强的学生，也有阅读速度慢、理解能力差的学生。换句话说，阅读速度的快慢不一定等于理解能力的好坏。在训练阶段，教师应加强一般阅读技能的训练和语言的基础知识，适当控制学生的阅读速度。教师应根据教学的进程设置不同的阅读速度，在最初进行阅读教学时，可以适当放缓阅读速度，侧重对材料进行有效地理解。当学生词汇量变大，语义、句法知识增加，语感增强和阅读技能提高以后，其阅读速度自然会随之增强。这个阶段教师就可以进行相应地限时训练，加强训练的强度，进而完成阅读教学的目标。速度调节原则的出发点就是要求教师在阅读教学过程中做到张弛有度，根据不同阶段的教学目标做相应地调整。教师切忌一味地追求提高速度，而忽略了学生的理解程度。

（四）循序渐进原则

学生阅读水平的提高也不是一朝一夕的事情，阅读教学目标的完成也不可能一蹴而就，它是一个循序渐进的过程，需要一个合理的总体设计和长远规划。在材料选择、任务确定、阅读方法以及阅读教学的反馈等诸方面，教师都要提前做出全面、细致地考虑，并鼓励学生寻找适合自己的阅读方法，积极引导学生采用适合自己的阅读方法，最终使其完成阅读任务，提高阅读水平。

（五）真实性原则

在日语阅读教学中，还要遵循真实性原则，总体来说，日语阅读教学中的真实性原则主要有两方面含义。下面，关于这两方面含义进行简要叙述。

1. 阅读材料的真实性

在日语阅读教学中，要满足阅读材料真实性原则，也就是说，要选择本族语者编写的材料用作日语阅读教学的真实材料，这样能够保证其语法结构、文化习俗等方面的真实性，不至于出现某些错误。在选择阅读材料时，要考虑到学生的具体情况，选择适合学生语言水平的阅读材料，还要考虑到学生的交际需要，选择文体多样的阅读材料，满足不同场合下的交际用语需要。

2. 阅读目的的真实性

在日语阅读教学时，要考虑阅读目的的真实性。当人们在进行阅读活动时，往往会带着一定的阅读目的，如有的是为了消遣打发时间，还有的是为了获得某些信息等等。根据阅读目的的不同，在阅读时需要选择不同的阅读方法，因此，在阅读材料之前，一定要确定好自己的阅读目的的真实性。

二、日语阅读教学的方法

（一）生态教学模式

1. 生态学教学

（1）生态学教学的基本定义

生态学，原本是指动植物、微生物等与周围环境之间的一种联系，意在说明自然界中各种事物都是息息相关的，它们有着一种系统的联系，是一个整体。将这种生态学的观点应用在教学之中，就构成了生态学教学模式。在生态学教学模式中，要采用一种生态学的眼光去看待教学，运用联系的、整体的、系统的观点去分析问题，师生之间要建立起一个良好的、和谐的师生关系，要促进教学和谐、健康地发展。

（2）生态学教学的基本特征

①注重学习者可持续发展。在教学课堂上，教师不仅仅要对学生进行知识与技能的传授与讲解，更重要的是要让学生能够学会学习，使他们能够培养自主学习、终身学习的能力，这是所有教学的最终目的。在生态学教学模式中，学生的一生发展是一个整体，教师要注重学生的可持续发展，培养学生形成可持续发展的内心诉求，使学生树立可持续发展的目标，推动学生为这个可持续发展目标不断地努力。

②注重教学内容的应用功能。在课堂上教师向学生传授了新知识之后，学生不能仅仅只是了解，还要进行应用与实践，这样，他们才能更好地理解记忆，不断提高他们的语言交际能力。这种生态学教学模式比较注重教学内容的应用功能，可以将生活中的一些元素引入课堂，比如App与公众号上的某些日语相关的文章材料等等，通过这些来吸引学生的注意力，借助各种媒体手段帮助他们掌握词汇知识以及提高阅读能力，还可以帮助学生养成良好的习惯，提升其日语阅读学习的兴趣，使其将日语阅读融于生活之中。

③构建平等和谐、教学相长的新型师生关系。在课堂教学中，教师与学生之间的关系，与教学效果的成功与否有着莫大的关系。如果教师与学生之间的关系比较和谐，像是朋友一般，那么就有利于形成一种活跃的课堂氛围，有助于激发学生的学习兴趣，促进学生更好地学习。但是，如果双方的关系不好，那么学生学习的效果便会大打折扣。课堂教学是师生双方互动交流的动态过程，只有当二者处于一种动态平衡时，课堂上才会出现积极、活跃的氛围。在生态学教学模式中，学校是中国教育生态系统的子系统，教师与学生是其中的两个因子，生态学教学模式中那种和谐的、统一的、整体的观点有助于构建一种平等和谐、教学相长的新型师生关系，从而使得教师与学生共同和谐发展。

2. 日语阅读教学生态模式策略

（1）第一课堂环境的合理构建

将生态学教学模式引入日语阅读教学之中，最先要做的便是要构建一个良好的第一课堂环境。在教学课堂上，每一个人都是一个生命体，他们有着不同的生理、心理特征，其拥有的内在素质千差万别，这是必须要承认的。生态学教学模式要做的便是要承认这种观点，并且使之处在一种和谐发展的状态之中，要不断地调动学生的积极性，培养学生可持续发展的能力。要合理构建好这个课堂环境，就需要设置好课堂的硬件设施，合理化多媒体设置，在向学生展示不同的内容时选择不同的展示方式。然后，还要控制好班级的规模，班级的人数不要太多，否则会增大教师与学生之间的距离，不利于学生表达自己的合理诉求。当在进行小组讨论学习的时候，要注意桌椅的摆放位置，不能像平常授课时那样过于严肃，可以将桌椅摆放成月牙形或者圆形，这样更加活泼，有利于学生畅所欲言。在讨论时，小组之内可以以游戏或者角色扮演的形式完成教学活动，从而调动学生的积极性，提高学生的学习兴趣。

（2）教师教学主体的转变、教材的合理选编

在日语阅读生态学教学模式下，教师应该与时俱进，促进教学主体的转变以及教材的合理改编。

在生态教学模式中，教师应当明确自己在教学生态系统中的角色，教师同学生一样只是系统中的一部分，不要将自己看作教学生态系统中的全部。在对学生进行阅读教学之前，教师应该先给出学生时间，让他们进行阅读材料的预习，熟悉其中相关的知识点与词汇等内容。在阅读教学中，教师要构建一个活跃的、积极的学习氛围，吸引学生的注意力，在讲解时要生动活泼、有趣味性。在阅读教学完成之后，教师还要针对阅读材料中的重点内容进行总结，设计一些活动来组织学生练习，针对学生的练习，教师还要进行指导，不断提高学生的日语阅读能力。

在生态教学模式中，教师还要注重教材的合理选编，选择适合当下时间背景的资料，不要选择太过陈旧的资料，否则会降低学生的代入感。教师还要注意学生目前的学习情况，选择与学生当前学习情况相符的教材。另外，在选编教材方面，教师还要拥有前瞻性与正能量性，要选择健康的、有教育意义的、优良的阅

读材料，通过各种语篇的阅读，培养学生形成爱国主义、奉献主义、团结协作等精神。日语阅读教师团队还可以结合本地区的应用教学来编写辅助教材，或者选择网络课程教材中比较优秀的部分来作为辅助教材。

（3）习得者话语权建立，解除教师的"一言堂"话语霸权

对于学生来说，阅读既是一种学习的目标，也是一种获取信息的手段。通过阅读材料，学生可以获取到它要表达的某些信息，从而对这个文章产生一定的感性认识。阅读，是学生们能够搜集信息、认识世界、了解世界的一种途径。因此，在日语阅读教学中，教师不能总是把所有的知识与信息都一个个地讲解出来，然后灌输给学生，教师应该要将主体地位还给学生，促使学生自己通过阅读理解文章、获得信息与感悟，从而更好地喜欢上阅读。

当学生阅读完成某些文本篇章之后，对于这些阅读材料也就有了更深地理解，产生某些思考和见解。这时候，教师可以组织一些活动，或者向学生询问某些问题，通过这些方式来与学生展开交流，在交流之中学生可以加深自己对于文章的理解，教师也可以了解学生的想法，双方之间便会增加互动与交流。同时，教师可以根据学生的阅读情况对学生进行指导与启发，提高学生的阅读能力。同时，在学生与教师课堂上的语言互动之中，学生也可以增加日语语感的积累，形成日语阅读的思维，促进其日语阅读能力的提升。因此，在日语阅读教学课堂上，教师应该要注意自己语言的选择，适时穿插生态学式语言，增加学生日语阅读的能力。

（4）课堂语言环境的建立采取"与线上结合"的形式

在传统的日语语言教学中，往往是教师讲授日语知识，学生接受知识，这种日语教学往往只是在课堂上进行。随着时间的推移，信息科学技术不断地发展，现在这种课堂上的教学已经远远满足不了学生的需求了。在这种全球化趋势下，学生不仅可以在传统的课堂上进行日语语言的学习，还可以在网络中进行日语语言的学习。而且，相比于传统的课堂学习，这种网络上的日语语言的学习更加的新颖，能够吸引学生的注意力，提高学生的积极性，有助于学生更加积极地参与学习。在网络上，学生可以看到文字、音频、图片、视频等各种形式的阅读材料，还能够身临其境，与母语为日语的人交流。因此，在对学生进行日语教学时，教师可以采用传统教学方式与线上相结合的方式，渲染课堂氛围，扩展阅读深度与

广度,使学生更加积极地参与日语学习。

(5)建立积极的生态式评价机制

在日语阅读生态教学模式中,教师还要建立积极的生态式评价机制,创新对学生的评价方式,增强学生的自信心,促使学生更好地学习。在传统的日语阅读评价机制中,老师往往是对学生进行语言的知识结构的考察,评价的内容比较单一,而且主要是由老师作为评价主体,并没有考虑学生自己的评价要求,缺少了教学生态系统中的学生因子,因此,得出来的评价结果并不是全面的。要想建立积极的生态式评价机制,就必须使学生因子也参与到评价之中来,并且还要强化鼓励机制,要及时地做出形成性评价,以便教师能够更好地改进自己的教学方法。

首先,针对日语阅读的评价机制,教师要强化鼓励评价机制的作用。因为,对于学生来说,教师的评价十分重要。教师好的评价能够使学生受到鼓励,能够增强学生的自信心,有利于学生更好地学习。但是,一些不好的评价可能会伤害学生的自尊心,对学生的心理造成重大影响。传统教学往往过于强调书面成绩,而生态学教学注重的是可持续学习,它注重的是学生终生学习习惯的培养。在生态学教学模式下,教师强化鼓励机制,能够减轻学生的阅读障碍,鼓励学生,增强其自信心,有利于学生可持续学习,建立起其可持续发展的阅读能力。其次,要多多采用形成性评价,它以习得者为主。形成性评价一般是在一个单元或者一个课题完成之后对学生进行测试,根据测试结果做出反馈。通过形成性评价,教师可以及时地了解学生的知识掌握能力,并对某些学生进行辅导,或者是针对自己的教学计划或教学过程做出改进,从而更好地促进学生的学习,提高学生的教学质量。教师可以发给学生一些自我评价的单子,使学生对自己的学习情况做出评价,根据这些自我评价,教师可以进行梳理总结,并为下次课程打好基础。

与传统的日语阅读教学课程方法相比,生态学教学模式下的日语阅读教学更加受到学生的欢迎,同时也取得了更大的成效,这种教学方式能够促进学生日语阅读的学习。

(二)翻转课堂应用于日语阅读教学

近些年来,在教学课程中,翻转课堂逐渐流行起来。这种翻转课堂有很多优势,比如它能够激发学生的学习兴趣,促进学生更加积极地参与学习。

1. 运用翻转课堂

传统课堂往往比较枯燥乏味，学生们缺乏积极性。在日语阅读教学中运用翻转课堂，能够发挥学生的主观能动性，提高学生的日语阅读能力。一般情况下，翻转课堂的教学模式主要运用在以下几个方面。

（1）引入任务型教学，确保学生完成课前阅读

在阅读教学课前，教师可以引入任务型教学的模式，给学生布置与阅读材料相关的任务，比如文章的中心思想、主题句等等，然后让学生进行课前预习，通过阅读文章来完成任务。这种课前预习的方式能够帮助那些阅读能力不好的学生"笨鸟先飞"，有助于提升他们的自信心，促使他们更加认真地学习。

（2）开展个性化课堂教学

在日语阅读教学课堂中，教师要检查之前的任务，了解不同学生的任务完成情况，做到心中有数。教师还要结合文章的实际情况开展个性化课堂教学，可以展开一些活动，如情景演绎、辩论等等，通过这些活动来活跃课堂氛围，激发学生的学习兴趣。在教学过程中，学生可能会提出一些问题，教师要引导学生去解决这些问题，引导他们积极主动地去探索问题的解决方法，设置一些小组讨论活动，让学生们互相交流讨论，从而得到一些不同的解决方式，这样学生不仅可以加深对文章的理解，同时也能够增进互相之间的联系，进一步提高学生的日语综合水平。

（3）进行跟踪巩固

在日语阅读教学课程完成之后，教师还要对学生的学习进行跟踪巩固。通过教师的讲解以及学生之间的互相讨论之后，学生对于文章已经有了自己的理解，但是这里面可能会有一些错误的理解，这时候就需要教师来引导学生进行查漏补缺。在上课的时候，教师要指出学生的错误，然后帮助其改正。在课下，教师可以对学生上课出现的问题以及课堂内容的重难点进行汇总，然后将这些汇总的内容制作成视频或者 ppt 的形式来发送给学生，让学生进行巩固。

2. 运用翻转课堂需要注意的问题

（1）教学视频要短而精

一般情况下，传统的教学视频时间比较长，教师需要在视频中将教材中的内容一一讲述，使学生能够更加清楚明白。而翻转课堂的教学视频与传统的教学

视频不同，它的录制时间并不是很长，而且也不能像传统的视频一样眉毛胡子一把抓，它的针对性比较强。教师在录制翻转视频的时候，要做到短而精，要能够使用较短的时间讲述较明确的知识点。传统的教学视频一般比较枯燥乏味，而翻转课堂的视频要具有趣味性，这样才能吸引学生的兴趣，使学生更加积极地参与学习。

（2）统筹兼顾全体学生

在日语阅读翻转课堂教学过程中，要统筹兼顾全体学生，针对不同阅读能力的学生给予他们不同的课程目标。对于阅读能力比较高的学生，教师要引导他们深入理解文章的深层含义，与他们进行交流与探讨。对于阅读能力比较一般的学生，他们要掌握文章的主旨内容与含义，满足课程的基本目标即可。而对于阅读能力比较一般的学生，他们只需要基本掌握文章的主题即可。

（3）合理地进行拓展阅读

在日语阅读翻转课堂教学过程中，教师还要合理地进行拓展阅读。仅仅让学生了解教材上的内容是远远不够的，教师还要结合任务完成情况与文章的主题，合理地选择适当的阅读材料，让学生进行拓展阅读，开阔他们的视野，增强他们的知识储备，拓宽他们的知识面，这样有利于提高学生的综合日语素养。

（三）体验式日语阅读教学

1. 体验式教学概述

在教学中常常见到的一种理念就是"以人为本"，也就是说，要以学生为中心，因材施教，关注他们的学习情况与个性，不断地开发学生的潜能。在教学中还有一种教学方式——体验式教学，这种教学方式贯彻了人本主义教育观的价值理念。

要理解体验式教学，首先要了解体验。什么是体验？体验就是一种感受，它与认识、理解、实践等范畴都有密切关联。人们对某个事物首先产生了认识，通过不断地接触，人们开始理解它，再通过实践，人们逐渐在内心深处产生了一种感受，这种感受就是体验。体验可以是一种积极的感受，也可以是一种消极的感受。体验有两个值得强调的点，一是人要亲自去参与其中，才可以产生体验；二是人的个人感受，与他人无关。

体验式教学，就是指要使学生在体验中进行学习，注重学生个人的亲历感受。

在体验式教学过程中，要以学生的认知特点与规律为基础，为学生创造情境，使学生身临其境，让其在这个情境中获得真实的感受，从而使其理解知识、建构知识，形成一种自己的知识理论体系，发展能力，产生情感。它关注学生对学习活动本身的体验，而非仅仅关心学习结果。教学中学生个体发展是终极目标。因此，教师必须关注每一位学生的个性差异，尊重每个学生的独特体验。在教学过程中，教师要改变传统的老师讲授、学生接收的教学方式，要以学生为主，促使学生主动地去展开探索与学习，关注学生真实的情感体验。学生是活生生的人，他们有着自己的感受与情感，教师摒弃以往的传统教学方式，采用体验式教学方式，不仅能够使学生更加积极地参与学习，有利于培养学生的思辨能力、创新思维，同时还能够促进学生的人生观、价值观的成长。

2. 体验式日语阅读教学策略

在日语阅读教学过程中采用体验式教学模式有一定的策略，其策略步骤如下。首先，在教学过程中，要以学生为主体，将以往学生被动的学习改为主动学习。如今，随着时间的推移，社会的发展，人们日常生活以及网络上存在着许多的信息，这些信息十分的纷繁杂乱，良莠不齐。面对这些信息，人们不能全盘接收，必须要有良好的判断能力，接收好的、自己需要的信息，对于那些不好的信息要及时摒弃。对于学生来说，良好的判断能力尤为重要，因为学生的生理、心理还没有发展得十分成熟，面对如此多的信息，如果稍不留意，就很有可能影响到自身，不利于自身的身心健康发展。对于学生来说，阅读过程就是不断地筛选和过滤的过程。学生要从中筛选出自己需要的信息，对于自己不需要的信息则过滤掉。学生需要掌握信息的筛选和过滤能力，这样，在浩如烟海的资料中才能迅速地查找到自己所需要的信息。在日语阅读教学过程中，教师可以将学生分成若干个小组，然后设置一些与日语阅读材料有关的题目，由学生小组查找相关资料，最后，教师可以看看哪个小组的信息检索、筛选和过滤的能力比较强。比如，教师可以设置与日语阅读材料的背景资料相关知识的题目，由学生小组们通过图书馆、网络等进行查询，在这个过程中，学生不仅能够锻炼自己的信息检索筛选能力，还能够增加其对阅读材料背景知识的理解与记忆，同时也锻炼了学生的团结协作能力，可谓是一举三得。这种体验式教学的方法，可以使学生身临其境，有助于其预先体验课文的背景知识，使学生可以更加积极地参与其中。这种方式能够调动学生自主学习的积极性，使其主动参与到教学活动中来，有利于培养和发展学生运用语言的能力，提高课堂教学效果。而且，学生通过主动地去寻找资料，也能够锻炼他们的思维能力，提高他们解决问题的能力。

其次，在日语阅读教学过程中，要重视对话，锻炼学生的思维，促进学生主动思考习惯的养成。在传统的课堂中，教师往往是知识的传授者，学生是知识的接收者，在这个过程中，教师往往是主体，但是在这种教学方式下，教师有着绝对的权威，学生往往顺着教师的思维进行思考，无法形成自己的思维，不利于学生思维的锻炼。同样，学生们也会丧失对日语阅读的兴趣。体验式教学模式中，学生是主体，教师引导学生主动地学习，这样有利于学生主动地去思考，使学生养成主动思维的习惯。如何让学生主动参与学习？清代名臣于涟认为，读书就是一种生活活动，就是读者的个性化行为，读书最重要的一点就是要自主，读者必须要自主地、独立地完成阅读活动，真实地参与其中，感受其中。要让每个学习者都能真正参与其中，必须培养他们的主体意识、自主性和创造性。因此，教师要让学生真正成为学习的主体和发展的主体，就必须引导他们进行自主性阅读实践。体验式日语阅读教学恰恰是注重学生这一阅读主体。体验是理解和感悟的前提，只有经历了对语言文字的亲身体验才能使自己获得丰富的感受和深刻的思考，从而实现知识的升华。就如同翻译一样，即便是再厉害的译者，其译文也远不如原文那样有味道，这是翻译过的文章无法取代的。所以，体验式日语阅读教学的实施势在必行。体验式日语阅读教学就是要求学生通过自己的思考、实践来完成日语学习过程的活动方式。学生首先要有一定的知识基础，然后依据自己的基础来对一些简单的日语材料进行阅读，在这个过程中，学生不仅复习了之前的基础日语知识，同时也能够体会到阅读日语材料的妙处，从而喜欢上阅读，获得不一样的审美体验。一定要注意，学生一定要拥有相关的日语基础之后再去阅读日语原文，否则只会被打击自信心，不利于日语阅读教学的进行。如果教师不重视这一点，那么即使再好的语言也无法发挥出它应有的作用。体验式日语教学是以学习者为主体，让学生参与到学习过程中来的一种教学方式，它强调师生互动、生生互动、生本互动，注重培养学生发现问题、分析问题、解决问题等能力。教师与学生之间是平等的关系，教师不是绝对的权威，学生也不是服从者。在阅读教学中，教师应尊重每个孩子的个性差异和不同需求，根据不同学生的差异与个性，因材施教。教师可以采用提问法向学生提问，通过问题引发学生的思考，促使学生主动地去解决问题，找到答案。在这个过程中，教师与学生是平等的，这样不仅会让学生对知识产生浓厚的兴趣和强烈的求知欲，而且有助于培养其创新意识。在长期如此运作之后，学生将摆脱教师是绝对权威的这种认知，其思想自然也就可以更积极。这样不仅有助于培养学生良好的学习习惯，而且还有利于学生养成独立思考和创新意识。同时，学生的这种活跃的、积极的思维也可以启发教师进行思考。在这种情况之下，学生们对所学内容产生了浓厚的兴趣，教师也可以获得一些新的启发，从而使教学效率有较大提高。在这个过程中，教师与学生不仅是进行教与学，更重要的是在不断地共同成长。因此，在日语教学中，教师应努力营造一种轻松愉悦的学习氛围，不断增进教师与学生之间、学生与学生之间的交流，在这种交往过程中，教师不仅要让学生获得语言学习经验，更要帮助他们形成正确的价值观和世界观。每个学生的生理、心理等特点都是不同的，每个学生也都会因自身特点而表现出自己独特的思维和行为模式。因此，面对同一篇文章，同样的内容，每个人都会有自己不同的理解，由于价值观与世界观不同，也会产生不同的情感体验。因此，要想让学生真正喜欢上阅读，必须尊重学生的个体差异，鼓励学生大胆表达，并给予充分的思考时间和机会，从而促进学生思维的发展。当面对同一篇文章，不同的学生有不同理解的时候，教师可以将学生分成一个个小组，然后由小组内的学生进行自主探究，通过组内成员的讨论，大家可以加深对文章的印象与理解。在体验式教学模式中重视对话，让学生自由讨论，这样既能培养和发展学生良好的思维品质，又能促进学生积极、主动、富有创造性地学习，从而使学生不断地获得新知识、新技能。

再次要注重读后感的培养，唤起学生的反思力。另外，很多教师也不善于引导学生阅读文章。就实际日语阅读教学而言，由于学生大部分是零起点学习日语的，他们常常只会关注日语文章里的某些语法知识，而不可能从总体上把握这篇文章的全貌。很多时候，教师也只是把课文简单地念一遍或讲一下大意就完事，这样不仅浪费了大量的时间，而且还会造成教学效率低下。所以学生常常会忽视对于文章所蕴含的人文知识以及自己人文素养的关注。这种情况下，教师就需要引导学生去分析句子，理解作者的意思，从而更好地读好每篇文章。他们一般都会看完一篇论文，逐句看懂，并询问其文章内容。在这个意义上说，阅读就是理解，即把语言文字转化为思想与感情的活动。阅读就是人依靠阅读材料中的文字符号来进行感知、思考、想象这样一个过程，就是从素材中吸收信息。阅读材料的意义在于它能使读者获得一定的理解和认识。阅读，就是我们吸取知识，发展智力、塑造品格的一种重要方式。因此，在阅读理解时必须充分注意到这些因素，才能达到预期目的。在阅读材料中，文字符号并不单纯地表达字面意思，它反映了作家的感受，并传递出特有的民族文化传统和耐人寻味的内在意蕴。日语作为一种民族语言，其本身就是一个充满了感情与智慧的艺术体系。它适用于所有语言阅读，对于日语阅读来说，同样如此。凡是日语作品，或日语文章无不包含着作家的感情和其对生活、人生的感悟，它们都有其旺盛之生命力。所以老师们在注重学生与文本的直接联系、在得到文本第一次经验后，应该指导学生写出读后感，使学生在写作中重新认识，体会阅读文章的魅力，对于包含在里面的理念、感情等方面再做思考，让学生能够将所学的感性知识进行整合，内化到自身事物中去。这种由阅读到写作再到理解的过程，就是"读—思—悟"式教学的具体体现。细读课文，可以得到一个课文初体验，而且把读书的经验通过文字传递出去，能够升华经验。所以说读后感写作不仅有助于培养学生的语言写作能力和表达能力，而且有利于提高他们学习兴趣与自信心。在体验式日语阅读教学过程中，读后感书写至关重要，让学生能够思考阅读体验，夯实新知，扩大课堂内容广度与深度，在阅读体验中得到提炼，并由此产生自己的观点，甚至产生自己的人生观、价值观。这正是以人为本，体验式日语阅读教学所追求的重要宗旨。

第三节 跨文化交际视角下高校日语写作教学

一、日语写作教学的原则

（一）循序渐进原则

"冰冻三尺，非一日之寒"，日语写作能力也并非一蹴而就。必须由浅入深、由简到繁、由易到难、循序渐进、一环紧扣一环地进行训练。所谓循序渐进，在这里主要有两个含义。第一，从语言本身来看，写作训练要从写作句子开始，然后到段落，最后到语篇。第二，从训练活动来看，所训练的技能也要遵循由易到难的原则。写作训练活动分为获得技能性活动和使用技能性活动两种。获得技能性活动的重点在于使学生理解语言组织的方式，主要包括两种类型的活动。

1. 抄写

抄写，要求学生抄写学到的语言材料，或者模仿这些材料重写，其重点在于拼写规则、标点符号、语法的一致等。

2. 简单写作

简单写作，要求学生围绕某一语法要点进行各种写的活动，其重点在于巩固学生的语法知识。使用技能性活动的重点在于使用语言进行有目的的交际活动，目的是培养学生语言使用的灵活性和其创造性地使用语言的能力。这主要包括两种类型的活动。

（1）灵活性训练

要求学生按照一定的要求进行写作练习，如句型转换、合并句子、扩展句子、润色句子等。

（2）表达性写作

要求学生进行符合现实需要的写作练习。上述活动基本上是按照由易到难的顺序排列的，教师要根据学生的实际情况，包括其所处的学习阶段以及实际水平进行指导，安排写作活动。

（二）采取多种形式的原则

采取多种形式，丰富学生的表达方式。日语具有丰富的表现方式，同一意义可以用不同的句型来表达。在写作教学的过程中，引导学生学习使用不同的句型结构来表达同一意思是指导学生写作训练非常重要的途径，既可弥补学生在语言知识上的不足，又能启迪学生的思维，使其把知识变成技能，灵活运用语言。

（三）尊重学生的主体性原则

尊重学生的主体性，以学生为中心开展写作教学。开展多种教学活动，帮助学生积极地参与写作的过程，其中小组讨论就是一种有效的方式。在谈到过程教学法时，教师是否组织、如何组织学生进行小组讨论以及如何对学生的作文做出反馈是过程教学法能否成功的关键。

成功的小组讨论应该达到三个目的：第一，学生的全面参与；第二，对学生的促进和帮助；第三，帮助学生理解。

教师组织讨论的技巧多种多样，要根据班级的大小和学生的日语水平高低来定。各种技巧是相辅相成，融会贯通的。因此，教师在组织讨论时，可混合使用多种技巧。教师无论使用哪一种或几种技巧，都要使每个参与者感兴趣、积极参与、开动脑筋。另外，讨论的内容也是可以变化的，教师可以组织学生围绕作文的内容进行讨论，这样可以帮助学生拓展思路，使作文的内容得到充实、言之有物。教师也可以组织学生就文章的格式、结构与体裁进行讨论，帮助学生写出格式规范的作文。另外，教师还可以在作文评阅完成之后，针对学生在作文中出现的比较集中的问题进行讨论，以帮助学生进行修改。

（四）改进作文评阅的方式原则

日语教师在作文评阅时要在何时评、评什么以及怎样评三个方面下功夫。一般情况下，教师对学生作文的审阅主要是在两个时间段进行，一个是在学生作文定稿之前，另一个是在学生完成作文之后。在学生定稿之前，教师可以对学生进行引导，指引学生正确地前行，帮助学生提一些意见和建议。不过这个时候，教师对于学生的建议基本上都是大方向上的，由于文章还没有具体地完成，不可能对文章进行细改。当学生完成作文之后，学生将作文交给老师，老师就需要仔细阅读学生的作文，翻看其中是否有语句、知识的错误，找出问题，然后写出自己的评语。教师要及时评阅学生的作文，尽量在下一节课上课之前将作文交还给学生，这样可以在学生对于上次作文的记忆没有那么模糊的情况下及时进行点评，使其改变自己的一些错误的知识与想法，不断提高自身作文能力。当然，在时间允许的情况下，教师还可以让学生重新写下之前题目的作文，然后再次评阅，看学生是否充分地理解了其中的问题，内化了知识，其作文能力是否得到了充分地提高。

教师在对学生的作文进行评改的时候，要抓清重点，有针对性地进行评改，不能"胡子眉毛一把抓"，否则会打击学生的积极性，同时也会让学生有云里雾里之感。教师不可能对其中的每一个错误都细致地指出来，要找出其中尽量比较明显的错误，找到重点让学生改正。写作的目的，主要是为了表达，运用书面语进行交际，教师在评阅学生作文时，首先应该考虑到的是，学生的作文是否准确地表达了所要表达的意思，是否词不达意或模糊不清，当遇到某些问题时，教师可以在评语上指明，或者也可以直接帮助学生修改出来，让学生观察两者之间的异同，使其发现自己写作中的问题。当然，为了让学生更好地理解，教师还可以征求学生的意见，双方互相交流讨论。

教师在针对学生的作文写评语的时候，一定要明确、具体，让学生准确了解到自己作文中的错误，这样学生才能够更加有针对性地去改正。如果教师所写的评语比较模糊不清，那么学生就会摸不着头脑，无法更正错误。并且教师在写评语的时候，言词不要太犀利，不能过于严格地批评他们，而是要以鼓励为主，否则就会打击学生的自信心，降低学生学习的热情。针对那些作文情况不是太好的学生，要尽量发现他们作文中的闪光点，增强他们对于写作的兴趣，提升他们对于写作的自信心。

当然，如果评阅时间不够的话，教师可以选择一部分学生的作文来进行评阅，然后找出这些作文中的共性问题，在课上向学生们讲述这些问题，并督促学生改正，这样可以减少学生作文中的共性错误。如果在之后的作文评阅中仍然发现之前在课上已经讲述过的错误问题，教师可以对这些错误进行划线处理，这样不仅节省时间，同时也有助于之后学生的自评。当教师评阅学生的作文一段时间之后，可以让学生自评，让学生自己对自己负责，这样其对作文也会理解得更加深刻。另外，在学生作文中，如果发现了一些比较新的语言表达方式，教师要多多称赞，鼓励学生大胆使用语言。

（五）范例引路原则

在日语写作中，学生面临的最大困难在于，一是无话可写或写得不深入，二是虽有很多话要写却又不会写。模仿是日语学习中的一种好方法，这一方法可用在写作之中，学生可以根据日语范文进行仿作，写出内容好、形式美的作文。这是一条从"必然王国通往自由王国"的日语写作之路。另外，在学生完成写作后，教师也可以给出范文，范文不仅要在格式、内容要点、语法修辞与语言习惯上给学生树立样板，而且要考虑到日语的多种表达方式，灵活运用语言。而学生在写完后能及时听到一篇比较规范的答卷，与自己的作业比较一下，可初步衡量出自己答题的准确度，找出差距，及时查出自己作业中的毛病，有助于学生的进步。

二、日语写作教学的方法

（一）交互式教学法

1. 交互式教学模式的特征

（1）以学生的兴趣导向、行为能力为教学活动核心目标

在交互式教学模式中，最为重要的就是要激发学生对于学习的兴趣，这样才能够使学生更好地学习。俗话说，知之者不如好之者，好之者不如乐之者，只有真正对学习有了兴趣和热情，才能够真正地做好学习这件事。学生有了对于学习的热情，就有了内在驱动力，这样在学习活动中，学生才可以积极、主动地参与其中，面对困难，迎难而上。因此，在交互式教学中，要保证教学的顺利进行，最重要的一个前提就是要激发学生的兴趣。在交互式教学模式下，课堂的教学内容可以被分为五个部分来进行，这五个部分分别是问题、模型、解决、应用、训练。在这五个部分中，教师起到引导作用，引导学生发现问题、解决问题，并在最后进行总结，教学任务的完成还需要依靠学生之间的交互合作。为了使教学任务顺利完成，学生与教师应该通过各种渠道搜索相关的资料，然后制订相应的计划，依照计划采用各种信息资源进行教学与学习的活动。在这个过程中，学生可以学习到很多知识，同时掌握相应的技能。

（2）教学内容设置的情景化、实用性

在交互式教学模式下，往往有一个比较情景化的实用场景，利用这个场景，学生可以身临其境，更加积极主动地去完成教学任务。这个场景往往由教师与学生共同营造，一般情况下需要符合两个要求。第一，这个情景一定要能够激发学生的学习积极性，使得学生能够更加自主地去解决其中的困难，完成教学任务。第二，这个场景所蕴含的内容应该尽可能地贴近于社会的现实，这样学生们才能够身临其境，不断锻炼解决现实生活中遇到的某些问题的能力，增长知识与经验。

（3）学习过程的自主性、协作性

交互式教学模式还有一个十分重要的特征，就是强调学习者在学习过程中的自主性和协作性。学生一定要是自主参与学习，不能是强迫性质的。学生与学生

之间，学生与教师之间，都需要互相交互协作。在这个过程中，学生是主体，学生要发挥自己的主观能动性，养成自觉学习的好习惯，积极地、自主地参与到学习之中。在交互式教学模式中，学生与学生之间可以组成小组，通过小组相互交流协作，能够更好地完成任务，不断增强合作意识与协作能力。学生不仅能够增强对知识的记忆与理解，还能够将这些知识建构成一个体系，不断应用到各种学习任务之中。

2. 交互式教学法在日语写作课中的实施环节

（1）目标内容设计环节

在交互式教学模式中，其最终的目标不仅仅包含教学方面的目标，还包括人际沟通方面的目标。也就是说，交互式教学法既要培养学生的知识技能，还要培养学生的人际交往沟通能力。在日语写作课程中，交互式教学模式，能够提供一种比较轻松、活跃的氛围，使得学生能够以一种比较自主的、积极的状态参与到学习中，学生与学生之间、学生与教师之间能够以一种合作的方式来共同探讨，完成学习与教学任务。在这个过程中，学生能够畅所欲言，积极地发表自己的看法与见解，更加深入地了解知识、掌握知识，实现个人能力的全面发展。因此，交互式教学模式对教师提出了更加全面的要求，教师不仅要具备各种知识与技能，深入研究教材，精心设计各种问题，引导学生进行交互式学习，还需要根据不同的目标任务，建构写作的多种方法。教师在设计写作问题时，不能过于死板，一定要具有开放性，能够展现新型的教学理念，设计的写作问题不能过难，也不能过易，要具有一定的层次，过于难会打击学生的自信心，过易则无法提升学生的写作兴趣。教师可以设计多种写作方法，比如看图作文，对于学生来说这样更加直观，或者根据视频材料进行写作，这样学生可以更好地利用写作来解决生活中的问题，联系实际。

（2）写作前的热身准备及导入工作

在日语写作课中，要对学生进行交互式教学，首先需要做的就是要进行前期的热身准备与导入工作。教师需要向学生展示这次写作的话题内容以及任务目标，让学生根据作文的话题进行写作，最终完成写作任务。教师在选择作文的话题时，要选择适当的、符合学生现有能力知识水平的题目，使学生能够将知识点更好地结合起来进行运用。其次，为了使学生更好地熟悉写作的相关内容，教师要组织一些语言练习活动,让学生进行练习。最后,教师还要向学生介绍一定的日语写作技巧,让学生能够将这些写作技巧更好地应用于日语写作中。教师还可以采用异质分组的方式将学生分成若干个写作小组,然后让学生在互相合作、讨论的过程中完成写作任务。

（3）课堂内容设计环节

在交互式教学过程中,学生是主体,教师要起到督促与引导的作用,教师要引导学生学习。在教与学的过程中,教师要尽量减少自己说教的时间,更多地增加学生学习的时间,让学生能够通过交流协作来发现问题、解决问题。学生是知识的需求者,学生应该构建好自己的知识体系,展现自己的个性。在课堂写作过程中,教师要灵活地选择教学方法,尽可能选择适合学生学习情况的教学方法,写作难度要由易到难,循序渐进。在句子的写作练习活动中,教师要向学生讲述其中语句的结构与搭配问题,讲述其中的日语与汉语的不同。当向学生展示日语写作范文时,教师要借用各种信息与资源,分析范文中好的词汇、句型、段落等等,向学生分析其语言特征,并讲述它好的地方,让学生进行模仿写作,提高学生日语写作灵活运用的能力。在篇章结构写作过程中,教师要向学生讲述日语与汉语的不同思维习惯,引导学生采用日语的思维习惯来写作日语文章。另外,教师还可以向学生讲述"起、承、转、合"的文章结构方式,让学生在日语写作时能够更加引人入胜。教师可以将这些学生分成不同的写作小组,当学生正式写作时,各个小组通过讨论来写作,通过对写作主题以及流程的思考,他们可以互相提出自己的意见与建议,最终,完成作文初稿。当作文的初稿完成之后,小组内的每个人还需要对这个初稿进行推敲,推敲其中的每个单词、语句、篇章等,找出其中不合理的地方并改进,同时也可以互相进行检查,这样,学生们在自评、互评的过程中,也能够增加对日语写作的兴趣,不断提高自己的日语写作能力。

在日语写作过程中,课堂的氛围十分重要,显然,在积极的课堂环境中,学生们能够更加主动地参与学习,减轻学生内心对于写作的心理障碍,激发学生的热情,培养学生对于写作的学习兴趣。在课堂写作过程中,教师要善于观察,发现课堂上的一些可能影响课堂氛围的消极因素,然后尽可能地减少这些消极因素,为学生创造一个积极的环境。教师要多多与学生进行交流,协助学生写作,为学生指出他们写作中的一些词语、篇章等的错误用法,并帮助他们改进,不断推动学生自主写作意识的发展，提高学生自主写作的能力。在学生写作过程中，教师还要关注学生，及时掌握学生的学习动态，培养学生形成良好的写作习惯，鼓励学生采用日语进行写作，不定期对学生的写作任务进行检查，等等。另外，教师还应该建立一些线上的 QQ 群、聊天室等，与学生进行线上的交流互动，提供给学生更加丰富的日语写作资源，不断加强与学生之间的交流沟通，帮助学生提高其日语写作的能力。

（2）学生的评价过程

在日语写作交互式教学过程中，教师要以一个读者的身份来对学生的写作作品进行评价，给出自己的意见与建议。在对学生进行评价时，教师要更加多元化，可以针对学生写作任务的完成情况进行评价，也可以针对学生小组的协作能力进行评价，或者是对学生本人发现问题的能力进行评价，或者是对学生的知识应用能力进行评价等等。教师要制订学生评价的等级标准，对于学生写作任务完成的结果给予不同的等级评价，如优秀、良好、中等、合格、较差等等。

当教师对学生进行评价时，一定要贯穿整个活动过程，针对不同的学生，采用多样化的评价形式、多层次的评价标准来对学生进行衡量与评价，这样才能使评价真正地达到比较理想的效果。当教师对学生的日语学习效果进行评价时，可以从多个方面来评价，比如学生的学习态度，学生的课堂表现，学生的创新表现，在测试中学生的表现等等。就是说教师对学生进行评价时，要改变那种传统的、单一的、决定性的评价方式，将那种末端的考核方式改为过程的考核方式，在整个学习过程中对学生进行考核，这种考试制度的变革，使得教师能够更加全面地对学生进行评价，同时也使得教学方法与学习方法发生了一定的变革，能够使学生的实践能力大大提高。

（二）过程教学法

在行为主义心理学中，学习就是一个刺激、反应和强化的过程，学生接收到刺激，然后做出反应，接着，通过不断地训练强化这种反应，这就是一个完整的学习过程。这种行为主义心理学体现在教学中，就是十分重视机械操练的作用。体现在写作教学中，它就是比较注重对于文章的分析与模仿，通过对文章的结构与语言的模仿来不断提高写作能力。但是实际上，写作只是写作主体对于自己内心的表达，它注重的是作者的思维活动以及实际的交际活动，而不是主要着重于对文章的模仿。在语言学习的认知理论中，它强调在学习活动中占据主导地位的是创造性思维，学生的学习并不仅仅是为了被动地吸收知识，掌握技能，更重要的是，学生要学会思考，要学会积极主动地去探索其中的原理。过程教学法受到了认知理论的影响，在认知理论的影响下，过程教学法将写作看成一个发现、适应、同化的认知过程。过程教学法强调，学生要主动地去学习，主动地去思考，搜集资料，发现问题，解决问题，不断内化知识为己用，发现其中的规律并掌握其中的原理，创新自己的思维。学生只有自己真正主动地去思考与学习，不断创新思维，才能够更加有创造性地写出属于自己的文章。

另外，过程教学法不仅受到了认知理论的影响，还受到了交际教学法的影响。也就是说，写作的过程就是交际的过程，写作的根本任务是交际，通过不断地进行写作，学生们能够不断培养自己的交际能力。教师在对学生进行写作教学时，不仅要使学生学会写作的相关语言知识与结构，还要将这个范围逐渐扩大到文体、语域甚至是社会文化方面。在日语写作教学过程中，教师既要培养学生的日语表达能力，还要培养学生的交际能力。为了培养学生的交际能力，教师需要创建出一个又一个生动活泼的场景，使学生能够身临其境，更加自然地将语言知识运用到交际场景中，不断提升其交际的实践能力。

在日语写作教学过程中，采用过程教学法对学生进行教学，主要有七个步骤，内容分别如下。

1. 输入阶段

第一个步骤就是输入阶段，输入阶段是准备阶段，为之后的写作提供准备素材。在这个阶段，学生要根据主题进行构思，可以通过多种活动来思考，获得尽可能多的素材与想法，比如自由联想、阅读、调查报告、听取磁带或讲座、列提纲等等。学生可以根据写作的要求，通过自由联想开拓思维，获得更多有用的素材，也可以许多学生集合在一起自由地讨论，这样可以集思广益，获得更多的素材。学生可以将想到的方法口头说出来，或者记在纸上，用于写作之中。学生通过自由联想记下来的所有想法和观点并不是所有的都会用到，在写作时还要根据主体与要求进行取舍。因此，在自由联想阶段，学生不要过于拘泥于细节，要大胆地假设与联想。

学生还可以通过阅读一些书籍与报刊来获得写作的相关素材，在阅读时将自己的感受与体验记录下来，培养自己形成敏锐的阅读反应能力，从这些阅读中寻找适宜的素材添加到写作的文章之中。学生还可以采访一些不同的人，通过这些人的言语信息来获得更多的资料。教师可以组织学生听一些磁带或者讲座，让学生参考其中的信息并做好笔记。学生也可以通过列提纲的方式构思素材，通过现有的知识结构以及写作的主题与要求，弄清主题思想，采用主题句、关键词、词组等形式理清思路，合理地组织写作的篇章结构。这些活动都可以帮助学生收集到很多写作时的素材，帮助学生进行构思。

另外，教师还可以向学生提问，通过提问使学生能够更加清晰地思考写作的主题、目的、语气、观点、态度以及心中的想法等等。

2. 写初稿

在输入阶段之后，第二个阶段就是写初稿。在第一个阶段，学生已经整理了自己的想法与素材，第二个阶段就是要将这些想法与素材整理成粗略的稿件，也就是写初稿。在这个阶段，学生要将自己脑中的想法准确地通过语言表达出来，这需要学生做到心中有数，才能下笔如有神。而且，还需要学生具有良好的语言表达能力，这样其才能将自己心中的想法与灵感通过写作转换为纸上的文字。在初稿写作阶段，教师要与学生进行交流，指导学生将构思的内容准确地表达在纸上。另外，写初稿是一个反复进行构思与修改的过程，在这个创作过程中，学生需要不断地构思、修改、再构思、再修改，一遍又一遍，循环往复，直到最终完成初始的稿件。

3. 同学互评

第三个阶段是同学互评，学生的初稿完成之后，教师可以将学生进行分组，然后将一些有关评判标准交给学生，由学生互相之间对初稿进行评判。在这个时期，学生评判的相关问题应当不涉及作文的形式，而只关注作文的内容是否有误。

4. 写二稿

第四个阶段是写二稿，学生完成初稿的写作与互评之后，会获得很多反馈信息，通过这些反馈信息可以对自己的初稿进行修改，将其中的一些错误问题进行改进。这时可以由学生个人对文章进行修改，也可以以小组形式对文章进行修改。在对文章进行修改时，应当考虑的问题是：文章的主题是否明确，文章的结构是否清晰，文体是否恰当，文章的内容是否充实，文章的结局是否合理，文章的论点是否正确，文章是否有词语错误，文章是否有语法错误，等等。

5. 教师批阅

第五个阶段是教师批阅。当学生的二稿完成之后，就需要教师对学生的作文进行批阅了。教师在对学生的二稿进行批阅时，往往要阅读三遍，这三遍关注的地方不同：第一遍，教师要对作文进行通读，了解文章的大体含义；第二遍，教师要根据文章的内容找出其优点与缺点，然后写出评语，告知学生其文章的优点与问题；第三遍，教师要找到文章中的用词不当以及语法错误等问题，然后将这些问题标出，便于学生了解自己所犯的知识性错误，使之下次不要再犯。

6. 师生交流

第六个步骤就是师生交流。教师评价完学生的文章之后，就可以与部分学生进行交流。首先就文章内容问题与他们展开讨论，了解他们心中的想法，让他们回答某些问题。其次，教师要针对文章的语法问题进行提问，查询学生的语法知识积累量，如果某个学生的语法知识掌握不深入的话，教师可以对其进行补习。如果大部分学生犯了同一个语法错误，教师可以针对这些普遍性的语法错误设计相关课程，向学生讲述其中的语法规则，并组织学生进行相应地语法训练。

7. 定稿

定稿是最后一个阶段。当作文稿件经过一遍遍地构思与修改之后，学生就可以完成最终的成稿。然后学生需要将这个最后的成稿以及之前所做的笔记、提纲、初稿等交给老师，由老师对最终的成稿进行评价。

在日语写作教学中，过程教学法中学生是主体，它比较尊重学生的主体性。起初，在输入阶段，教师引导学生自主地展开构思与讨论，互相交流想法，在初稿完成之后，教师将学生分组，鼓励学生进行互评，突出学生的自主性，教师与学生之间进行充分交流，向学生说明文章中的错误，让学生进行改正。在过程教学法中，能否成功的关键就是教师是否尊重学生的主体地位，是否组织学生进行小组讨论，如何对学生的作文做出反馈。

（三）口语训练法

1. 运用口语训练推动日语写作教学的前提

（1）日语写作教学改革的推动

在传统的日语写作教学过程中，教师往往对写作中的一些常用单词、短语、句式结构、篇章等进行理论知识上的讲解，然后给出一些主题、中心词以及范例文章，让同学进行模仿写作。因此，传统的写作教学的课堂氛围是十分枯燥乏味的，教师占据主体地位，学生的主体地位没有得到充分尊重。久而久之，学生的思维被限制，创新性得不到发展，学生对于写作的热情逐渐减弱，甚至丧失兴趣，不利于学生积极主动地进行写作。这些原因使得日语写作教学的改革越来越受到重视。

（2）日语写作课程改革的研究基础较好

目前，通过大量的研究，日语写作课程改革方面的理论逐渐发展，许多好的教学理念与教学方式被提出来。王际莘指出口头叙述是抵制母语负迁移的干扰、锻炼日语思维的一种有效方法。[1] 王小伟提出化整为零的教学法，在引导学生思考讨论时，让学生先说句子、再说段落、最后说作文。[2] 单瑜阳针对学生的常见错误提出阶段式教学法，利用联想图和改编练习激发学生的想象力。[3] 王若楠指出要转换思维方式、摆脱母语的束缚、用日语思维才能写出地道的日语作文，因此要求学生对日本的文化有深层次的了解。[4]

一般情况下，如果一个人的口语比较好，他的写作水平往往也比较高。事实上，说与写二者具有共通之处，无论是说还是写，都必须要先构思，然后才能说出或写出一些句子，准确地表达出自己的意思。因此，要想促进学生日语写作水平的发展，就要对学生进行口语训练，这样也可以提高学生的日语写作能力。通过口语训练，锻炼学生的口语表达能力，从而提升学生的文字表达能力。这种训练方法也能够使教学氛围更加活泼，激发学生的想象力，提高学生对于写作的兴趣和热情，进而提高学生的日语写作能力。

---

[1] 王际莘. 大学日语四级写作课教学法探讨 [J]. 日语学习与研究，2003（04）：49-53.
[2] 王小伟. 高职日语写作课程改革策略研究 [J]. 重庆电子工程职业学院学报，2009，18（05）：135-137.
[3] 单瑜阳. 大学日语写作阶段式教学初探 [J]. 湖北广播电视大学学报，2011（01）：140.
[4] 王若楠. 基础日语写作课程教学改革研究 [J]. 黑龙江教育学院学报，2012（03）：183-184.

2. 口语训练在日语写作中的教学实践

在日语写作教学过程中，加入口语训练的形式有很多种，下面，分别对口语训练的几种方式进行简单介绍。

（1）通过动漫台词丰富日语表达的多样性

要想通过口语训练激发学生的学习热情与兴趣，就需要给予学生们感兴趣的口语训练内容。日本的动漫比较出名，有很多学生都十分喜欢日本动漫，因此，可以将日本动漫里某些场景的台词作为口语训练的内容，激发学生的兴趣，使学生更加主动自主地参与学习。这些日语动漫台词往往是在某一个场景中，这样学生们就大概了解在不同的场景应该说什么样的话，了解某些日语使用的语境，同时也可以使学生深入了解日本的相关社会背景与文化，提高自己的交际表达能力。教师还可以让学生在课上或者是课下观看日本的某一个动漫，然后让学生进行观后感写作，这样可以提高学生对于写作的兴趣，使学生能够更加自由地表达想法。

但是，在这个过程中，需要注意的是，有的时候由于学生过于兴奋，会以日本动漫为主题聊个不停，偏离了课堂的主题，这时候教师就需要及时予以纠正。或者有的学生可能使用汉语相互交流得十分热火朝天，但是让他们用日语讨论交流时，就会望而生畏，不知该怎么说。这时候教师就需要对学生进行引导，引导他们用日语来表达自己的想法，首先引导学生说出简单的单词，然后鼓励学生说出简单的句子，最后使学生可以使用口头作文简单地表达自己的想法，先易后难，循序渐进，减少学生对于日语的畏惧感，增强学生的自信心，不断提高学生的口语表达能力与日语写作能力。

（2）通过朗诵和即兴演讲提高日语表达的准确性

教师还可以组织朗诵或者即兴演讲等活动，锻炼学生的口语表达能力，使学生形成日语思维习惯，提高其日语表达的准确性。

（四）结果教学法

早期的日语写作教学理论主要来自经典的修辞学研究。直到 20 世纪 60 年代，日语写作教学的注意力一直集中在文学作品的理解与分析上面，其目的在于通过这些分析使学生掌握各种文体的特征和写作方法，从而能够模仿并写出自己的作品。这种写作教学方法被称为结果教学法。

结果教学法一般把写作分为4个环节。

1. 熟悉范文

教师选取一篇范文进行讲解，分析其修辞选择模式和结构模式，介绍修辞特点和语言特点。

2. 控制性练习

教师就范文中所体现的相关常见句式要求学生进行替换练习，学生在教师的指导下渐渐过渡到段落写作。

3. 指导性练习

学生模仿范文，使用训练过的句式，尝试写出相似类型的文章。

4. 自由写作

学生可以自由发挥，使写作技能成为自身技能的一部分，用于现实的写作之中。结果却忽视了写作过程本身的复杂性，从而缺乏对学生在写作过程中所遇到困难的了解和认识，而学生的整个写作过程都是在老师的完全控制下完成的，没有自由创作的空间。以致学生只关心分数的高低，写的文章常常是内容空洞无物、结构生搬硬套、表达平淡无力。

第四节　跨文化交际视角下高校日语翻译教学

在国内外的语言教学界，达成的共识就是文化教学是语言教学不可或缺的一部分，语言教学就是文化教学，文化教学中的文化包括民族历史、传统、宗教、价值观、世界观、风俗习惯、社会组织、社会制度等。因此，文化教学对日语翻译教学至关重要，它可以使日语学习者在学习过程中理解和接受日本文化，进而更好地进行翻译实践。

一、日语翻译教学的原则

（一）层次性原则

层次性原则是指翻译教学既要遵循知识由浅入深的逻辑顺序，使之呈现出自身的系统，又要符合学生认知发展和技能掌握的过程，不可强行跳跃、超级教学。

这一原则的实质就是两点：一是循序渐进，二是系统规划。其实，翻译教学界很多学者都在实践中躬行这一原则。如刘士聪指出汉日句子翻译的学习要经历3个阶段：句法阶段，要求学好语法规则和句法关系；语义结构阶段，要求培养对日语的语感，学习符合日语表达习惯的句子；审美阶段，要求训练学生对具有艺术感染力的句子的判断和感悟，培养其翻译具有艺术感染力的句子的能力，进而使其形成有个性的语言风格。

（二）循序渐进原则

翻译活动应当遵循由浅入深、循序渐进的规律，所选的语篇练习也应该是先易后难。从篇章的内容来看，应该是从学生最熟悉的开始；从题材来看，应该从学生最了解的入手；从原文语言本身来看，应该是从浅显一点的渐渐到难一些的。这样由浅入深，学生学习起来自然会有信心，并且会逐渐培养起对翻译的兴趣与热爱。

（三）题材丰富原则

当今社会需要的是实用型、综合型的翻译人才。因此，为了适应社会各方面对翻译人才的需求，翻译练习的材料应该多样化和系统化。例如，翻译的文体应该涵盖应用文体、新闻文体、广告文体、法律文体、文学文体等。每一种文体练习一段时间，直到学生能基本做到触类旁通，然后进行另一种文体的训练。教师还要对每一种中日文文体的功能和特点进行介绍，以便让学生了解，并在练习中加以体现。此外，文体翻译练习并不是单一进行的，可以将翻译中常见的问题与各文体的练习结合起来。例如，某类翻译问题在某种文体练习中出现得比较多，在其他文体中则出现得较少，教师就要及时解决这些问题，将问题的解决与文体语篇的练习结合起来。

（四）翻译速度与翻译质量相结合原则

翻译教学的目的在于培养学生的翻译能力，不仅包括技巧的掌握、译文质量的保证，还包括较快的翻译速度。因为在实际的翻译活动中，常常会有催稿很急的情况发生，如果翻译速度太慢，可能会完不成翻译任务。因此，在翻译教学过程中，教师要经常提醒学生这一点，有意识地培养学生提高翻译速度。例如，教师在教学过程中可以经常做课堂限时练习，如日译汉练习的量可以先从每小时200个左右的日文单词开始，以后逐渐增加到每小时250—300个日文单词甚至更多。此外，对于课后练习也可以让学生尽量在规定的时间内完成练习任务。

（五）注重实践原则

实践性是翻译教学的一个重要特征。尤其是对大学生来说，其毕业后在工作中可能面临各种各样的翻译任务。因此，在学校学习期间，学校和教师就应努力为学生创设各种实践锻炼的机会。例如，可以让学生到翻译公司参与实际的翻译，体验一下实际的翻译过程。这一方面可为学生的学习增添动力，促进他们学习积极性的提高；另一方面还可以为学生进入社会、适应社会做准备，有利于他们毕业后更快地融入社会。总之，教师要认识到，翻译教学不仅仅是技能培养课，而是一个实践性很强的课程体系。

二、日语翻译教学的方法

（一）项目教学

1. 现代翻译教育中的教育观

在语言教育领域，教师作为讲授知识的主体方面，学生作为接受知识的一方，此种想法一直根深蒂固。但现在该教育观与学习观正在一点点产生变化，特别是在日语教育中，以传授知识与技能，使学生能够掌握并运用的传统教育观念，正在向着教师引导出学生自身的学习欲望，指导其更加主动学习的教育思想转变。如果教室是学生们进入社会前的"培训室"的话，那么在翻译课程中，教师不应该是绝对的主角，应让学生们凭借自己的努力，同时通过与同伴的协作，发挥出自身的能力来发现并分析在翻译中遇到的实际问题，使其在寻找解决方法的过程中得到宝贵经验，最终培养出能够胜任将来的翻译工作岗位所应具备的能力。

2. 日语专业翻译课程中的项目教学

针对该课程的教学现状，教师可以在教学中运用项目教学法，转变传统的教学观念，以优化课堂教学为目的，对其实施过程进行分析。

（1）项目设计

项目设计最重要的原则就是可实践性，好的项目可以充分调动学生学习的积极性，所以教师应当以项目教学法的理论为指导思想，结合《日语翻译及口译实践》的课程内容，项目的设计以中日商务、文化交流为主题的背景下，相关翻译或助理人员所应具备的各种基础知识为线索来进行，活动载体以一个日语专业毕业生进入公司后所接触的一系列翻译、口译任务为主线，在充分考虑学生现有的知识和能力的基础上，将工作、购物、饮食、兴趣爱好等诸多方面的内容合成设计出一个个真实、完整的项目案例。

（2）项目实施

制订好项目后，教师会指导学生根据项目内容对任务进行分割，然后分成若干学习小组来制订各自工作计划和实施步骤。在实施项目时，教师应充分相信学生的能力，对于学生实施过程中有欠缺或不完善的地方，进行适当地建议或指导，以达到让学生根据自己的实际理论知识进行操作，真正完善自己的知识体系，达到提高自身翻译应用能力的目的。

（3）项目展示与总结

此阶段主要是学生以小组的形式对自己的作品进行展示，教师进行适当建议，给学生们一个轻松发挥的空间，让学生对身边的一些热点问题进行讨论，使学生的思路得到启发。同时，教师也可以对学生基础上的薄弱环节进行查漏补缺，解释一些常见的难点和重点，并给出大量的应用实例，以加深学生对知识的理解。

由于学生对于知识的吸收和掌握的能力存在差异，导致学生会出现成绩的两极分化和教学知识的遗漏。针对这些问题，教师要在项目教学模式中，加强课堂知识的回顾性总结，使学生能够跟上教学进度，灵活掌握知识点，以达到课程大纲的要求。

（二）结合语境

众所周知，语境对词语、句子的含义有着深刻地影响。翻译若要准确，首先就要理解准确；理解要想准确，就必须结合语境来理解。因为译者对原文的理解和译文的表达都是在具体的语境中进行的，词语的选择、语义的理解、篇章结构的确定都离不开语境，语境是正确翻译的基础。因此，翻译教学中，教师务必要使学生重视语境，使其结合语境理解和翻译。需要指出的是，语境不仅包括语言的宏观语境，也包括语言的微观语境。宏观语境是话题、场合、对象等，它使意义固定化、确切化。微观语境是词的含义搭配和语义组合，它使意义定位在特定的义项上。学生只有兼顾了这两种语境，才能确定话语的含义，使译文忠实于原文。

（三）语篇教学

语篇在语法结构上具有衔接性和规律性，在意义上则具有完整性，因此语篇应该是语言交际的基本单位，词、句译得好不好，在于它是否在其所在的语篇中发挥了应有的功能。自20世纪90年代中期以来，语篇分析教学法逐渐取代传统的词句操练法成为日语笔译教学的主流，但日语在这方面仍比较薄弱。若能在日汉语言文化对比分析的基础上，使用语篇作为教学材料，通过对各种文体和题材的语篇进行反复操练，可更好地培养学习者的语境意识，提高其策略能力、查询能力等各项翻译能力。

（四）引入图式

图式是人类脑海中对外部世界知识的组织形式。人类与外部世界的一切交往都会在脑海中形成模式，这些模式就包含了相关事物、情景的系统知识。当人们遇到类似的事物时，就会激活大脑中相应的知识片段（图式），从而轻松地理解该事物；而当人们的大脑中没有与所遇事物相关的图式时，就很难理解该事物。由此可见，图式对于理解有着重大意义。而以准确理解为基础的翻译活动，自然也受到了图式的巨大影响。

鉴于上述内容，日语教师应首先使学生认识到图式的重要性，并在教学中多为学生提供一些需要激活图式才能正确理解的日语语言材料，使学生积极运用图式，重视图式的积累。需要指出的是，有时学生所拥有的认知图式不一定都是对事物的正确反映，或者都已经完善，因而在翻译实践中（尤其是文字表达比较含蓄的时候）经常出现图式应用错误的情况。对此，教师应帮助学生形成正确的图式并调动相关图式，以弥补其语言知识上的不足，为其正确理解原文、做好翻译提供保障。

(五)引导推理

推理是根据已知的内容或假设、运用逻辑得出结论的过程,也是实现认知的一个重要方法。翻译学习中,学生总会遇到一些生词,如果个个都查字典,就会浪费大量的时间。如果学生掌握了推理技能,就能快速理解很多生词。另外,推理策略的运用有助于把握事物间的联系,促进语言的理解。因此,翻译教学中,教师应培养学生推理的意识和能力。然而,这里的推理并不是译者凭空想象做出的,而是根据文本内容、结构得出的。具体来说,学生看到文本的内容后,可以依据已有的经验以及原文的结构、逻辑连接词、上下文等做出推理,这些推理往往可以为学生提供一些额外的信息,这样学生对原文的理解也会更深刻、更全面,译文质量也会提高。但需要指出的是,无论哪一种推理技巧,都必须建立在正确识别语言结构内容的基础上,否则推理就变成了毫无根据的想象,脱离了原文,译文的可信度也就无从谈起了。

(六)引导猜词

词汇是构成语篇的基本单位,学生的词汇量以及对词汇的掌握程度都会影响概念能力的形成。所谓概念能力是指在理解原文过程中将语言文字的零星信息升华为概念的能力,是原文材料的感知输入转化为最佳理解的全部过程。由此可以得出这样一个结论,词汇影响概念能力的形成,而概念能力又会影响理解,理解最终影响了翻译的质量。因此,对词汇的掌握程度以及猜测生词的能力成为翻译教学的关键。翻译教学中,教师应为学生介绍一些常用的猜词策略。

(1)结合实例猜测词义

有时下文中列举的例子会对上文提到的某个词语进行说明、解释,这就为学生提供了猜词的线索。

(2)根据构词法猜测词义

日语词汇的构成是有规律可循的。掌握了这些规律,学生就能很快猜出部分生词的含义。因此,教师应传授学生日语构词法的知识。

(3)利用信号词猜测词义

所谓信号词就是指在上下文中起着纽带作用的词语,这些词语对于生词的猜测有着重大的意义。

（4）通过换用词语猜测词义

日语语篇有时为了避免用词的单调、重复，会使用意义相同或相近的词语来表达相同的含义，这时，学生就可以利用相对简单的那个同/近义词来推测生词词义。

（七）要求撰写并提交翻译笔记

翻译笔记是翻译过程的体现，其中要记载翻译中的疑难问题及其解决过程。它主要有两个作用：第一，加深学生对翻译程序各方面的理解；第二，帮助教师判断每个学生已掌握的技能和还存在的弱点。

教师看完学生的报告后，可先就其中的问题做一概括，回答学生在其中提出的问题，解释原文中影响理解的要点，并指出学生报告中的亮点。有时老师也会有疑问和不确定，也可把疑问提出来，共同查证。

（八）小组合作训练

如果课时允许，教师还可尝试进行团队合作练习。在课程的最后阶段，为帮助学生切实体会在大型工作中进行协作的方法与程序，可以小组为单位，共同完成一项较大型的任务。使用的语篇材料应具有一定的篇幅和一定的专业性及实用性，例如产品使用说明书或旅游宣传册等。作业以小组为单位完成并提交，组员中有一人为统筹者，负责制作术语表和统稿。各小组进行发表后，由学生和教师共同评定、打分，作为考核成绩的一部分。

第五章　高校日语教学中跨文化语用失误的防范

本章阐述了高校日语教学中跨文化语用失误的防范，主要内容分为五节，分别为语用失误概述、跨文化语用失误的成因分析、高校日语教学与中介语语用失误、商务日语教学中学生语用能力的培养、教师语言的语用失误及解决策略。

第一节　语用失误概述

一、语用失误的界定

语用失误指的是，人与人之间言语交际未能取得理想中的交际效果。大家普遍认为，在交际过程中，虽然说话者对语言符号的运用比较准确，但是因为说话不分场合，抑或表达方式不恰当、不符合表达习惯等，也就是说，说话者无意中违背了人际交往的规范和社会公约，在表达的时候不看场合、不分对象，不考虑交际双方的地位、立场等，与目的语独特的文化价值观念背道而驰，从而导致交际行为中断或无效，无法圆满实现预期的交际效果，这类语言运用的失误就叫语用失误。

根据以上对语用失误概念的界定，我们可以得知：

（1）语用失误有广义和狭义之分。广义上来说，语用失误包括任何方式的语言使用错误，如语法错误、拼写错误等等。狭义上来说，语用失误是指交际过程中语言使用正确与否，而非语法错误。

（2）得体原则是语用最高原则的体现。换句话说，语用失误是指说话者违背了语言得体原则。更具体一点说，就是违反了约定俗成的交际规范，交际过程中忽略了对象的社会文化背景，不注意交际场合。这种忽略或是无意识的，或是为取得某种效果有意而为之。

（3）语用失误的界定以说话者为参照点，不将交际对象的理解力考虑在内，虽然失误的最终判定取决于所使用的语言对听话人产生的效果如何。因此，交际成功是指所用语言的实用交际价值（以 A 表示）相当于说话者所要表达的意义（以 B 表示）。如果使用 C 来表达说话者非意欲表达之意，那么语用失误是指 A=B+C 或者 A=C。

在国内，通常会将语用失误划分为语用语言失误与社交语用失误两大类，这一分法是建立在语用者不恰当地掌握语言或社会文化语境的基础之上的。语用语言失误是指由于没有很好地掌握语言语境而造成的语用错误；社交语用失误是在交际中，由于对交谈双方社交的不理解或者忽略而造成的文化背景差异导致语言表达错误。这两种类型的语用失误在本质上都属于言语行为中的误解现象。因为语境差异，交际双方话语意图不同，对彼此话语的理解也会有所差异，因而，语用失误也许是因为语用语言上的错误，还会在社交语用上出现错误。

还有一种分法，即以交际是否发生于相同的文化还是跨文化为准则。国内不少学者论及语用失误的问题，始终和跨文化交际挂钩，似乎语用失误仅存在于本族语者与非本族语者的交流过程。事实上，从广义上讲，跨文化交际是指运用同一种语言，而却有着不同文化背景的人之间的交流。语用失误有两种区别，分别为跨文化交际中的事物与母语文化交际中的事物，或者叫作语际语用失误，语内语用失误。

二、语用失误的研究方法

研究者要将多种研究方法结合起来进行运用，考察、比较、分析是必不可少的。研究语用失误的大致程序应该是，先对其进行描述，然后再加以说明。当前，在对语用失误的研究方面有所欠缺，具体表现如下。

（1）比较重视对跨文化语用失误材料的搜集，不重视对语内语用失误材料的搜集。

（2）对语言行为层次（称呼、问候、寒暄、请求、建议等语言行为表达的差异），以及词汇层次（文化负载词和惯用语）的语用失误研究比较多。实际上，语用失误存在于不同的语言层面，例如语音水平（语调的交际功能在不同的文化中有所不同），词汇水平、语言行为、语篇层面（信息组织方式、话语风格、会话活动类型等），特别是在语篇层面，值得我们发掘。

（3）语用失误广泛存在于社会生活中，因此，研究不应该仅仅限于日常交际、广告文体等社会用语，应扩大语料的收集范围，例如课堂用语、法律用语中存在的语用失误。所以我们开展了用汉语与日语作为语料来比较语用失误的研究，探讨两种语用失误产生原因的相同之处和不同之处，这将有利于有效降低和避免跨文化交际语用失误。

第二节 跨文化语用失误的成因分析

中日交际中的确存在着大量的语用失误现象，最后使双方都不适应交际过程和结果，甚至产生厌恶情绪。其原因是和两国语言的不同有关，交际双方文化背景以及思维习惯的不同导致社交理念的不同，与双方文化定势及偏见等也都是密切相联的。

一、中日语言结构的差异

任何一种语言都有它系统性的、自成一家的词语语法结构，中文和日语也一样。中文被公认为是一种孤立语结构，隶属汉藏语系；日语属于黏着语，语系归属有朝鲜语系说、阿尔泰语系之说，目前学术界尚无定论。两套截然不同的语系，使以中文或日语为母语的使用者，有时候不能很充分地理解词句，自如地转换语言。体现在口头对答中，这一现象更加明显，常常成为导致中日跨文化用语错误的首要环节。

用一个词语拥有不同含义举例。比如，中文中"意思"一词有某种想法、心意、趣味、趋势等含义，与日语对应的可使用「本の気持ち」「面白い」「傾向」等等，如果离开了语境，就容易理解错误；在日语中，「伺う」有"听""拜访""询问"几种含义，不结合语境理解，就会产生歧义。从句式结构上看，我们也举一个例子。例如中文"他请我吃了饭"，在日语中可表达为「彼からご飯をおごてくれた」。此句式中，中文句法主要是"主—谓—宾"结构，主语或者说动作主体明显，动词无时态改变，一般需要借助副词区别动作发生的时间，如"曾经""未来"等。但日语采用"主—宾—谓"或者其他句式结构，句式可以自由组合。动词用不同时态区分动作发生的时间，主语或动作主体不明显，需要通过动词时态变化或有授受关系的词语来判断。可见两者之间差异显著。

二、中日文化背景和思维习惯不同而产生的社交理念差异

人与人之间的交际语言及行为方式都是由交际理念主导。交际理念取决于文化背景及思维习惯，从而导致因为文化背景和思维习惯不同，出现社交理念差异，在跨文化交际中造成语用失误。中日两国虽然曾共同被儒家思想熏陶，但之后又分别走向独具国民特色的文化之路。因此，就中日跨文化交际而言，必须重视两者文化差异。若把习惯嫁接给彼此，以自身思想类推到彼此，则不可避免地会导致交际语用失误。

例如，中日两国都崇尚儒家的"礼之用、和为贵"，社交理念的核心是谦逊、礼让、和睦等，然而，两国对于"和"这个词的认识却有很大不同。中国人重视的是和气生财，和而不同，和谐相处，注重人与人，人与物之间的平衡关系，起点在个体；日本强调融和、同和、团结的意义，从而引申出集体主义高于一切的理念。所以，中国人强调交际双方的对等、和谐，日本人因为受集体观影响，会压抑个人观点与行为来迎合身边的异己。从坐地铁遇到熟人的表现举例，中国人会热情打招呼聊天，日本人则是简单问候就结束了。若不了解背后文化理念，就会被人认为是"冷淡的日本人"和"破坏安静的中国人"。在两国文化中，"和"这一概念同样有所区别，其中以暧昧语用最为突出。在表达不方便或者不愿意直说的意思时，中日两国都会使用到暧昧语。然而，日语是表达意愿、附和和猜测的、判断之类的问题明显比中文要暧昧，就像金田一春彦《你在说地道的日语吗？》里提到的，日本人尽量不说话，不写字，即便说或写，也不喜欢把话说得清晰、明确。日本人习惯了含义模糊的文章和对话。比如，拒绝对方"周末一起来看看电影"的建议，中国人大多直截了当地说"周末不行，我已经有安排了"，尽管有时也用"到时再说"之类的话语，说话者基本意识不到拒绝会让对方的难堪。而在日本人眼中，即使是委婉拒绝也不能完全消除对方对自己的反感情绪，于是，几乎每个日本人都用「週末はちょっと……」等闪烁其词地谢绝了。如果

用我们的方式去和日本人对话，那么就会陷入表达误区，或者出现理解偏差。

三、受文化定势和偏见的左右

人所处的自然环境与社会环境太复杂了，以至对于世界上的每一个人来说，一切要一一去认知、去经历，有些不切实际，从时间效率角度出发，人们将某种相同特质的人塑造出一定形象，这一简化的图像，被称为文化定势。在他国人眼中，几乎每一个国家和民族都具有自己的形象。比如，提到中国人，在人的脑海中会浮现出这样的形象：勤劳勇敢、谦逊含蓄、聪明伶俐、盛情难却，有时还有不守时、爱轻松之感、危机意识不强、独立精神不强等缺陷，同时认为，全体日本人都有节制、严肃、顽强、有秩序、狡诈、凶残、一根筋等特征。

对于跨国文化交际来说，文化定势具有一定优势，就是标签化让认知效率更高，其劣势在于静态化、同质化程度高，会失去客观性。大家都知道，中日习惯继承和吸取前人经验教训，国民性中或多或少地存在着"随大流"思想，这就导致，人们深信文化定势，套用文化定势也比较严重。人们也许由于注意到某些和对方相关的定势，就误以为已充分了解对方，从而忽视了别的交际信息，或者先入为主地为对方贴上文化定势的标签，以此为辅助手段，猜测对方的交际信息。换而言之，在文化定势基础上产生先入为主的认知错误和文化定势，会孕育出对人的偏见，在跨文化非语言交际中可能会造成语用失误。

第三节 高校日语教学与中介语语用失误

一、关于中介语与语用学

所谓中介语，是指将日语当作第二语言的初学者，在刚开始的学习中还不能完全摆脱母语的影响，又在接受日语语言规则，甚至学习者自身被所拥有的其他方面知识影响，由此衍生出的语言体系。它的特点是，介于汉语和日语中间，并趋向日语发展，它是日语学习的一个过渡阶段，是一种独立的、并始终处于动态发展的语言体系。

语用学是一个新兴学科，它以语言语意为主要研究对象，研究的不是语言内容，而是关于语言的运用。语用失误，指的是交际中句子和语法的使用是正确的，但却因为表达与交际对象的习惯或文化价值观念相悖，造成交际不畅，甚至失败。

二、中国日语学习者的中介语语用失误分析

中介语出现失误，一般是由两种原因造成的。一是因为在语法词汇上运用不当，造成传达给对方信息无效的语言失误；一是不当表达导致交际障碍的语用失误。比如,「みんな楽しいだ」「自分のしたことをよく検討してごらん」这两个日语表达不正确的句子就是在语法、词汇上出现语言失误；相反的,「社長、お荷物を持てあげましょうか」「先生も食べたいですか」这两个句子日语语法是正确的，但它表述却不够贴切，说话者想要传达的内容与说话对象领会的意思不一致，属于中介语语用错误。下面，将基于日本的文化背景，应用语言学相关理论，对中国大学日本语专业学生上课过程中出现的一些有代表性的错误使用例子进行具体剖析，探讨中介语中语用错误的成因。

例句如下，其中日语表达正确用○标记，表达错误用×标记。

（1）学生：教师也想尝尝吗？

译文1：学生：先生も召しあがってみたら（いかがですか）。○

译文2：学生：先生も召上がりたいですか。×

（2）社长，很重吧。我帮您拿吧。

译文1：社長、重いでしょう。お持ちしましょうか。○

译文2：社長、重いでしょう。持ってさしあげましょうか。×

（3）您从远方专程赶来，十分感谢。

译文1：遠いところをわざわざ来てくださって、ありがとうございました。○

译文2：遠いところをわざわざいらっしゃって、ありがとうございました。×

上述会话中误用例子，没有一个是语言上有问题，但总是觉得日语的表述不妥，与日本人的表达习惯不合，这就是中介语语用失误。下面将从四个方面对语用失误产生的主要原因进行分析。

（一）中国式思考方式的影响

例句（1）汉语"你想……吗？"，指询问对方的意见或想法，日语中表示的时候，可以说「……たいですか」。例句（1）中，日语的词汇、语法都是正确的。但日语里，这句话用在上位者身上，则显失礼。在日语环境下，老师们面对「先生も召上がりたいですか」之类的问题，如果直接答出「はい」，不免给人"嘴馋"了的感觉，如果直接回答「いいえ」又好像是生硬地拒绝，回答实在是为难。日本人进行自我表达时，会顾及听者的心理或者现场的气氛，从而变化方式说话。但是作为中国人，我们常常是直来直去，不会顾忌太多。学生根据这种思考方式，就会用「……たいですか」的表述，由此造成了彼此的烦恼和不愉快，妨碍良好交际。因此，同学们使用日语首先应避免中国式的思维方式。

（二）中日语用原则的不同

例（2）与例（3）均为恩惠行为之授受表达，示例（2）另一方为受恩方；示例（3）自己方受恩。例（2）中，汉语"我帮您拿"，直接翻译成日语是「持ってさしあげましょう」。"我帮您……"在汉语词汇中，包含了我自愿帮你做事的坚定帮助意愿。但如果在日语中使用「…てさしあましょう」来表示在给对方做某件事情时，会给对方一种被施恩之感，造成了心理上的负担。在日本，人们通常用自谦语，如「お……しましょうか」，采用自谦的方式来表示对对方的体谅，这恰恰反映了日本人交际的暧昧表达习惯。例（3）将"您赶来"直接译为日语，即「あなたがいらっしゃって」。在汉语中，自己为受恩方，不一定要用授受动词，但在日语中，出于对礼貌原则的遵循，是一定要用的，不然就是失礼了。可见，中日两国文化背景因素存在差异，反映到语言运用上，亦有较大差别。

三、中介语语用失误对大学日语教学的启示

通过以上对中介语中语用失误的成因进行分析，我们可以发现，学生虽已具备了语言基础知识，却因为跨文化交际的语用错误给交际带来严重阻碍。因此，为满足社会需求，我们不得不对大学日语教学进行重新审视，解决目前存在的主要问题，诸如课程设置不合理、教材内容老旧、师资力量弱、教学法不恰当等等，下面就课程设置、教材选取、教师培养、教学法改革等方面提出建议。

（一）课程设置方面

目前，国内部分院校日语专业课程设置上，一、二年级的课程以基础日语、视听、会话、作文、历史、地理为主；三、四年级课程，必修科目的每周学时有所下降，增设了实践课时。问题的关键在于低年级阶段主要以语法词汇的教授为主，未开设文化课程；高年级的课，尽管有文化课，却缺少培养语用能力的科目。解决的方法包括，开设语用学的理论课程，发展学生的语用意识；低年级开始教授日本文化。语言知识、语用学知识和了解日本文化均应列为测试重点。

（二）教材选取方面

大学日语教育中，学生几乎是零起点，教学活动基本在教室内进行，因此，对教材有很大的依赖性。特别是，基础日语作为初级阶段最主要的一门课，其教材选取亦是最为关键。目前我国各高校都开设了初级语言类课程，教材有《新编日语》《新编基础日语》《みんなの日本語》等，内容上做了更新。语法项目不变，增加了新的词汇，同时增加了大量会话练习，例句比较接近实际生活。初级阶段，学生更容易受教材的影响，将课本上的东西记心里便很难更改，此时教师若不做有效语用说明，后期学习中就容易出现语用失误情况。这一问题在高级日语教材里也有出现。所以，教材的选择既应具有实用性和趣味性，内容贴近日本真实的生活场景，更需要包含有语用学知识的日语专业教材。

（三）教师素质培养方面

随着社会发展和国际交流的日益频繁，北京、上海等一些大城市每年都会举办日语教师进修培训班。但是，一些距离较远的二、三线城市的日语教师，却因为这样那样的原因无法参加。对此，可以采用"互联网+"的教学模式，通过互联网学习。学习方式可以是微课课堂、名师讲解、专业讲座等等。教师实现在网上自由选课，接受日语语法以及日本的历史及文化、社会生活和其他方面的知识培训。这样开拓了日语教师的视野，使其学习到最新教学理念，深化对日本文化的认识，学习到语用学知识，最终提升自我专业素质。此外，重点聘用具有赴日学习经历的老师和提高赴日培训教师比例，都有利于教师队伍整体素质的提高。

(四)教学法改革方面

在外语教学法方面,历来多采用被动的学习方式,如反复阅读、模仿、背诵等,虽能使学生获得一定量的词汇和语法知识,但学生进行跨文化交际时,常常会出现学用脱节的现象。所以,可以通过下列方式改善这一现状。第一,在阐述语言知识时,将语用学理论知识引入其中介绍,从日常寒暄语学起,注重学生语用意识培养;第二,将日本文化渗透进课堂,从低年级做起,让学生认识中日语在使用原则上的差异;第三,帮助学生摆脱母语束缚,培养他们用日语思维模式思考解决问题的能力;第四,鼓励学生积极参加实践活动,如日语口语角、演讲等,主动接触日籍教师,常和留学生沟通,用遣词造句的方法,找出语言和语用错误,增强自身跨文化交际能力。

在同一文化背景下,人与人之间的交流也难免产生误会,跨文化交际中更容易出现交际障碍。我们通过对日语专业学生在课堂上出现的错误对话的分析发现,语言语用背景文化是无法割裂的,中介语语用失误的重要因素,通俗来说就是,因为对日本文化不够了解,常常在日语交际环境中使用中国式思维,造成语义转换的差异性。意识到这些之后,就可以在课程设置、教材选取、教师培养等方面进行改革,对中国大学日语教学提出一些提高积极性的对策。

第四节 商务日语教学中学生语用能力的培养

随着社会发展,我国外向型企业日益增多,积累了一定资本与经验以后,开始向世界发展,商务活动业因此进入了一个全新的阶段。无论是政府还是企业,眼光也由最初的"引进来",开始向"走出去"转变,中国企业国际化速度开始提速。了解和掌握这些变化,实现和不同国家的顺利沟通,是现代商业成败的关键因素。同时,与他国跨文化的商务沟通之所以能够取得成功,在一定意义上讲,正是借助了语言交际。曾经,中日间的商务活动兴盛一时,未来还会进一步加强。日语作为沟通的桥梁之一,在中日商务交流中一直都发挥着重要的作用。

一、商务语用能力的界定

语用学是一门研究在具体语言环境中，怎样理解和表达思想的学科。它同时与社会文化、社会信仰、价值取向、心理等各种因素紧密联系，因此，语用能力是指怎样得体地表达与理解言语，这是伴随着语用学的不断发展提出来的新概念。著名语言学家杰弗瑞利奇认为，语用能力可以分为语用语言能力与社交语用能力两大类。语用语言能力指通过语法规则，把语言整理成话语或者篇章；社交语用能力则以交际策略为中心，通过对所学语言的社会背景和文化知识的掌握程度，顺利实现交际的技能。

当前，语用学基础理论研究并不多见，如何提高教学中语用能力，目前更是鲜有研究，究其原因，主要有如下几点：（1）传统教学模式更加注重"语言能力""交际能力"等方面的训练，怎样充分反映言语行为，等等，都很少涉及。（2）缺少对"语用能力"进行有效检测的制度与评分标准。（3）教师体验真实语言环境的机会不多，动态教学资料亦十分缺乏。

目前，语用学主要分为文化语用学、社会语用学、跨文化语用学等，关于商务语用学的界定尚无明确定论。但是，因为"商务日语"就其本质而言，属于语言语用学范畴，因此可将其视为语用学的分支之一。我们可以得出结论：商务日语语用能力就是指在商务活动中，如何恰当地表达与理解言语的能力。主要由三类能力构成：商务语言能力、跨文化交际能力（包括商务文化）以及商务活动能力（解决问题的能力）。

二、商务语用学研究的对象和范畴

对于语用学的研究对象和范畴，语言学家们众说纷纭，莫衷一是。一般来说，语言学家将对语用学的研究分为形式语用学、描述语用学和应用语用学三大范畴，不同的研究范畴都有一套完整的研究原则及方法。此外，语用学还被划分为两大学派：英美学派与欧洲大陆学派。英美学派在语用学范围上进行了更加严格的划分，向传统语言学靠拢；欧洲大陆学派在语用学方面有更广泛的认识，它将语言的运用研究范围涉及到各个领域，它主要包括与语言实际运用有关的非语言因素（社会、文化等）以及它们在语用方面的微观调控措施。很明显，在借鉴欧洲大陆学派理论体系与研究方法的基础上进行商务语用学研究是完全有可能的。由此可知：(1) 商务语用学属于一门交叉性学科，要从商务内涵角度透视语言运用的实质；(2) 商务语用学是一门综合性的学科，关涉外语一般语用特征，并涉及特殊领域，也就是商务中的语用特征；(3) 商务语用学属于一门发展型学科，通过动态地审视语境，在商务环境中把握语言运用和文化意义。

三、商务日语学生语用能力培养现状

就跨文化商务活动而言，由于人们所处文化环境不同，沟通双方只能靠自身经验、知识、商务习惯等来表述自我意图，以及了解彼此话语中表达的意义。当前，我国在商务日语的教学中，重点关注的是语言表达和商务专业知识，在其他方面，如情感、商务文化上的知识教育还处于发展阶段。主要体现如下。

（一）语用概念不够全面

当前，对商务日语语用的认识处于摸索阶段，认识比较片面。对商务日语的界定、内涵和商务英语的功能定位等理论体系鲜有研究。商务英语教学研究仅仅局限于语言特征、风格和教学模式的讨论上。甚至有些教师，单纯地将语用理解为，用日语语言交流沟通，其未从更广阔的商境、文化背景等方面深刻理解"语用"中蕴含的意义，由此造成了语用教学中的偏颇，也就是"两重一轻"，即重视语言能力、商务活动能力，轻视跨文化交际能力。在实际的商务活动环境中，仅能熟练掌握日语及商务专业知识还不够，文化差异易造成双方的误解，为商务活动带来阻碍。所以，跨文化交际能力的培养对商务活动的成功意义重大。日常教学工作中，我们要将一般语用学与"商务"的特点相结合，从更广泛的意义和角度出发，进一步加深对商务日语语用概念的认识，并且反映到教学实践中。

（二）语用教学力度不够

实用性强是商务日语最主要的特点。学习者在日常日语学习过程中，通过对日语语言、商务沟通能力的学习，逐步熟悉和掌握商务活动基本技巧，实现商务沟通的顺利完成。因此，商务日语的教学应该从语言、文化、商务知识三个方面进行。当前，因为缺乏对商务日语语用概念的比较全面的认知，导致语用教学重

点各不相同。就教学模式而言，将学生作为教学主体，教师起主导作用的教学观，以及模拟商务环境通过角色扮演进行语言练习的应用越来越广泛。但是，由于缺乏对商务背景知识和商务文化的介绍，二者在语言使用过程中如何得体地进行交流，这方面的语用教学还没得到充分发展。也就是说，当前的语用教学主要关注点是专业词汇、专业知识的日语学习，对于日语的文化内涵和商务背景知识的教学和关注远远不够。因此，下一步的教学模式应该是基于对商务日语语用概念的全面认识，加大对中日文化和商务背景的教学力度，培养对文化差异的认知，才能真正提高商务日语交际效率，实现更多商务合作。

（三）语用失误现象频发

语用失误的含义可以解释为，在交际中，听话人没有理解说话人所表达的意思，因而无法做出正确反应。1983年，英国一位名叫托马斯的语言学家发表了一篇名为《跨文化语用失误》的论文，第一次提出"语用失误"的概念。他认为，语用失误分为两种，一种是语用语言失误，一种是社会语用失误。在跨文化交际中，社会语用失误比语用语言失误破坏性更大。根据这一解释，商务日语的语用失误，指的是由于对商务知识和商务对象文化背景不熟悉发生的语用失误，从而导致商务活动的无效甚至失败。

1. 语用语言失误

语言失误的意思是，在遣词造句的时候没有按照语法要求，以至于表达不当或者不得体。体现到商务日语，主要是敬语使用不得体。

2. 社会语用失误

社会语用失误的主要原因，是社会背景和习惯的差异造成的。影响跨文化交际顺利进行的是母语文化的负迁徙。比如，一位来自日本企业的领导到某中国企业做商务考察，中国企业工作人员得知当天是该领导六十虚岁生日，因此，特别准备了一番为他庆祝60大寿。这位领导知道对方是好意，也接受了祝贺，但是心情比较复杂。因为在日本人的习惯里，60周岁才会大肆庆祝，提前进入60岁，并不会令人感到开心。这就是，因为不了解文化背景差异而没有实现想要的交际效果。

3. 商务语用失误

商务语用失误，顾名思义就是由于不了解交际对象国家的商务交际习惯及思维方式等，令沟通无效，商务行为无法顺利进行。例如，跟日本人做交易，如果用催促语，或者习惯做口头保证，会令对方产生反感和不信任的情绪，可能会无法达成合作。日本商人认为，中国人习惯做口头承诺，实际上经常无法做到当时的承诺，造成项目进展缓慢，而解决问题难度很大。所以，在教学中，就可以向学生解释中日两国商人商务习惯和思维方式之间的差异。比如说，中国人注重结果，因此在谈项目时，更急于在最短的时间内谈成功，再考虑细节方面如何推进等等，商务行为有着谈判时间短、推进慢的特点；相比较而言，日本商人则更重视谈判的过程，会具体考虑好项目如何落地实施等，商务行为有着谈判时间长但落实快的特点。

语用学专家认为，不同文化间的差异是造成学习者语用失误的重要原因。特别是伴随文化多元化程度加深，跨文化交际中语用失误现象越来越严重，对国际商务活动交流造成一定的影响。所以，我们要重视中日文化（包含商务文化）的不同，并遵循语言传递文化，以及通过了解文化使语言运用更得体的原则，以掌握商务技巧为学习目标，培养学生语用能力。

四、商务日语能力的培养途径

（一）语境和商境的意识培养

语境指的是语言的使用环境，它包括两大类，语言语境和非语言语境。其中，语言语境指的是，语言使用时的上下文内容，包含有语法、词汇方面的知识。所谓非语言语境，是指涉及使用某种语言交际的双方的关系、语言交际的地点、场合和交际的话题等，以及与交际内容有关的文化和社会背景知识等。研究语用学，首先离不开对语境的研究，它和言语行为一起，两者相互作用构成语用学的核心内容。

商境通俗点说，指的是商务环境。具体到商务日语，商境指的是商务背景知识，它主要包括商务交际习惯、商人思维及行为特征、商务文化背景等相关内容，它们共同影响着交际双方语言的表达和理解。在宏观上，语用学将语言使用情况列入一个大范围内进行考察，主要是指具体环境中影响语言使用的社会、文化和其他方面的因素。不同公司，不同的商务环境下，企业文化、公司制度、员工心态等等，均能影响得体使用语言。由此可判断出，商境在商务日语中是一个不可或缺的重要组成部分，商务日语教学要重视语境和商境的影响。特别是，商境是持续发展变化的，正确地掌握它，既有利于认识事物自身，又使商务交际具有真实的语用含义。

实际交际中，许多词语如果不在相关商务背景下，学生就不能理解他们的真实意义。因此，在实际教学中，要有目的地训练学生在模拟真实语境、商境中进行沟通练习。使其明白，通过语境和商境才能准确认识话语，并表述出来。所以，需要首先建立能动的语境观与商境观，才有可能使语言得到充分表达。也就是在实际教学当中，要主动引入语义、语境、商境"三位一体"的教学方法。

（二）中日商务背景及文化知识的能力培养

商务日语语用信息包括两点，一是语言知识，二是商务交际语用知识。所以，商务日语教师在教学时，要加强对商务知识、商务文化背景等商务交际语用知识的引入。然而，当前我们的教学重点主要是语言知识，相信未来，随着中日商务交流不断深入，中日商务文化知识将成为商务日语教学中必不可少的一项内容。

例如，教师可在教学中介绍中日酒文化的内涵与不同，并展开介绍中日两国同事间不同的交际观。即和同事关系相比，中国人比较看重家庭和朋友关系。在中国，夫妻双方都上班，因此下班后习惯立即回家陪伴家人或操持家务；而在日本，公司为营造融洽的工作氛围，建构公司和职员一体感，在上级和下级之间建立信任，十分重视同事或者下属之间的沟通，下班后一起喝酒，是增进双方感情的一个重要途径。

（三）借助多媒体教学手段，传授语境和商境知识

想要提高商务日语语用能力，需要依靠实际的语境与商境。学生在实际生活中完全可以感知到普通语境，但是在他们毕业前，商境几乎是无从接触。如何增强学生对商境的认知，成为商务日语教学中不得不面对的难题。借助多媒体教学方式，在课堂上讲授语境和商境知识，成为一种趋势。

硬件要想得到有效利用，必须依靠软件开发与装备。目前，对于教师来说，

仅仅能够依靠简单的 PPT 软件，将教案全面地在课堂上呈现，抑或是播放带有商务情境的视频，让学生学习。学习资料不够系统化，针对具体商务问题提供解决方案和其他动态资料，仍有待开发利用。

此外，网络教学平台也有待开发。商务语用知识包含着方方面面，内容十分丰富，单凭课堂讲授远远不够。因此，要充分利用网络平台展开教学活动。例如，教学平台可以开发一些功能模块：课程学习、名师授课、课程作业、在线答题、试卷试题库、课程论坛等等，供学习者使用和进行课外学习。通过这些栏目，学习者能了解到相关领域最新动态，同学们也可以下载到最新的商务文化知识和文化方面的信息，例如，日本综合商社来源功能对其经济发展的作用，日本的企业文化，中国职员怎样从日企找到自己的价值，等等。网络平台对学生商务日语语用能力的发展有推波助澜的功效。

（四）感受语境和商境，提升语用能力

在现在的教学条件下，想要促进学生语用能力的发展，教师应该当好"导演"，给学习一个使用语言进行交流的场景。比如，在课堂中设置游戏、角色扮演、讨论演讲等环节。同时也要引导学生进行自主练习。通常情况下，练习内容愈贴近生活和其知识水平，愈能激发学生参与的积极性，因此，教师可借助周围常感觉到的场景，比如以买东西、旅游、餐厅等为背景，操练怎样挑选货物，怎样讨价还价，怎样介绍景点等，以及练习餐桌礼仪和其他语用知识。同时应注意，相对于一般日语环境，商务日语更强调在商境中运用语言，提高交际能力。为使没有商务活动经验的同学对商境有所了解，教师除了使用以上多媒体手段外，也可以通过实践活动，如参观证券交易所、产权交易所等等，带领学生实地参观，或者帮助学生以一定身份参与到商务活动中，使其真实感受商境氛围，形成商境意识与商趣，积累真实的商务知识。接着，教师在课堂中使用这些真实商境，使学生能在轻松愉快，生动活泼的气氛中，选择恰当的形式、恰如其分地运用语言、行动等进行操练，进而促进学生语用能力的发展。

（五）反馈信息指导

正如以上所指出的那样，学生语用失误现象是十分普遍的。因此，教学过程中，需要有针对性地加以矫正及引导。常用的一种指导方法就是，注重学生反馈

回来的信息。一般包含对疑难问题的反馈、作业和考试的反馈、研究与实践方法的反馈等等。信息反馈是对语用失误加以纠正的重要依据，因此，我们可以将搜集到的反馈信息分门别类地储存起来，并将其运用到之后的教学过程中，这有助于提升对学生语用能力的培养。商务日语教学过程中会产生大量反馈信息，其中，从作业和网络讨论平台获得的反馈显得格外重要。

1. 作业反馈

商务日语课程有大量的作业，其中之一便是模拟商务谈判。谈判的内容包括询价、报价、价格交涉、包装、支付、保险、商检、发货、运输、索赔等等，总体而言，中国商人的谈判技巧是十分成熟的，日语表达也很流利，但是，作为一名对日谈判的专业从业者，他们对商务文化的掌握还有许多地方需要改进。

2. 讨论板信息反馈

提高语用能力的关键在于丰富语用知识，讨论板的设立是很好的方法。它的特点是信息量丰富，讨论的话题更全面且深入，包括向老师提出意见、问题，以及发表对一些问题的看法，对中日商务文化的自我认知，以及实践过程中的见闻和感受等。教师要重视这些反馈信息，做好信息的搜集整理工作。当然，这样的反馈形式的及时性相较于课堂来说较慢，但却给了教师和学生充分的沟通时间。结合实际情况，课堂讨论和讨论板相结合，可增强学习效果。比如同学们在实习过程中的某些感受、日本员工加班观、中国员工与日本员工相处等等，这类内容对于正处在好奇与不安之中的同学们而言，是一个引人入胜的课题，更是语用知识中的一个重要组成部分。

近年来中日商务活动的规模越来越大、越来越广，商务日语的教学也逐渐受到关注。商务日语这门课程旨在发展学生语用能力，但在传统个案教学中，主要以办公用语为主，教学内容过于注重知识传授而忽视对学生实际运用能力的训练。在经济全球化的今天，通过语言传递的信息愈加广泛和复杂。社会文化和一些其他因素已深深渗入到各种商务活动之中，并成为影响事业成功的力量。因此，商务日语语用能力训练的内容应该上升到多元文化背景中商务问题解决能力的层面，也就是通过商务专业知识语言能力的训练，使跨文化交际能力变强，最终实现对日商务活动的能力发展。

第五节 教师语言的语用失误及解决策略

一、教师语言的语用失误

（一）从教学技能的角度来分析教师语言的语用失误

所谓教学技能，就是教师对现有教学理论知识的应用，经过实践，形成稳定、系统的教学行为。它包括因模仿而掌握的初级教学技能，还包括以现有教学理论为依据，按某种方法不断实践产生的教学技能，以及经过多次实践所形成的，实现自动化的高水平教学技能，即教学技巧。对于教师来说，教学技能是一种不可缺少的教学手段，它是实现好的教学效果和教学创新的基础，起着关键性作用。但是，因为日语教师自己的能力认知和其他原因，以及缺乏教学技能，造成语用失误的现象也长期存在。

1. 违反合作原则造成语用失误

格赖斯对合作原则的定义是："在所有的语言交际活动中，为了达到一定的目标，说话人和听话人之间存在一种默契，一种双方都遵守的原则，即合作原则。"[1] 合作的原则指会话双方互相协作，才能做到互相了解。合作原则由4个类别组成，每一个范畴也是由一个规范和若干次规范构成的，它们是：首先是质的规范，即别说自知是假或证据不足的话；二是数量的标准，具体地说，要确保所讲内容符合交际需要信息量，不能超过交际中需要的信息量；三是关系准则，也就是说话要有逻辑和联系；第四，方式准则，要保证说得明明白白、清清楚楚。要避免语言的晦涩和模糊，保证语言凝练且有条理。许多教师没有语用学基础知识，对合作原则也缺乏认识，以致在教学过程中因违背合作原则，导致各种语用失误的问题层出不穷。

（1）违反质的原则

质的原则是说，说的话要尽量真实可信，有证据可查。因此，教师的话要真实可查、可以被论证或者"自我论证"，说话所指的边界是清晰可见的，而非空洞、

---

[1] 王娇. 论教师语言的语用失误问题 [D]. 长春：吉林大学，2013.

模糊的，甚至是没有道理的。真，是教师语言首先要做到的；准，在教师语言规范化过程中同样重要。规范化的要求是：老师要发音准、吐字清、用词恰当、语法准、逻辑严谨。但在实践中，许多日语教师却不注意，致使问题不断出现。具体存在这样一些问题：读音不准确；常识错误；对专业知识的阐述不够精确；语言不符合逻辑。

（2）违反量的原则

不遵守量的原则，随便用口头禅、语气词等，就会导致语句重复啰唆。量的准则指所说的话语信息量不多不少，刚刚符合要求。从语言经济学来说，语言的输出与其想要表达的含义存在着一种适当的量价关系。教师在语言方面应尽量避免下列情况发生：一是少言寡语，使人抓不住意思；另一种是说得过多，皆为重复之言，没有新意；三是拐弯抹角，空洞模糊，言之无物，讲了半天，别人还是不知所云。

许多日语教师在讲课时都会出现这样或那样的口头禅，比如"对不对""行不行"等。还有一部分教师因为本身语言修养不够，课堂上备课不足，在讲课过程中头脑短暂空白，所以不自觉使用了"这个、啊"之类的语气词。这些词的使用频率高了，会显得教育语言啰唆，严重影响了课堂教学质量。甚至有些淘气的学生会模仿这些口头禅，致使教师的威信降低。

也有一些教师会在课堂上自觉或不自觉地重复内容。这类重复分为两种类型，消极重复和积极重复。积极重复，可以吸引学生注意已学知识，并加强学生的记忆。比如，遇到某个很重要的知识点，要复述一下这一知识点，引起学生的重视。有的时候，同学们答题的声音过小，不容易被听到，老师自觉反复，使其他同学都能听到，能够达到良好答题效果。但积极的重复虽然具有积极的效果，也不适合用得太频繁，否则易使学生产生厌恶情绪，而不能发挥出它该有的效果。

消极的重复指教师在不自觉的情况下多次反复地重复，属于无谓重复。老师对一句话来来回回地重复，只会影响课堂学习进度，学生会感觉厌烦，无法振作精神，影响课堂的教学氛围，也会对学生语言习惯的培养造成阻碍。反之，如果老师说话简明扼要，课堂内容编排上详略有致，突出重点，就会使学生注意力高度集中，取得好的成效。一堂课仅仅45分钟，因此，教师在教学中应利用好有限时间，避免使用无任何作用的话语，做到语言"多一分则嫌多，少一分则嫌少"。

（3）违反相关原则造成离题万里

违背有关原则，导致讲课内容与授课主题相背离。有关原则指说话要切中主题，不要讲和课题没有关系的内容。这就需要日语教师讲课时，必须把握好课本的重点内容，以简洁的文字把重点内容阐述得明明白白，千万不要漫天撒网旁征博引，这样将使学生注意力不集中，使学生不得要领。

（4）违反方式原则

违背方式原则容易导致语言歧义、含糊不清。方式准则，就是把话说得清清楚楚，明明白白，言简意赅，条理清楚。教师想要在课堂上讲清楚一节课的内容，就必须安排好内容的先后顺序，做到心中有数。如此，才能在授课过程中做到条理清晰，话语明白。

日语教师合乎逻辑的话，往往会留给学生深刻的记忆。上课时，如果老师说出来的话含混不清，就会导致学生理解错误，思想混乱。特别是当教师碰到不懂的知识时，千万不能不懂装懂。当今时代，信息瞬息万变，教师有些问题没有理解，这是正常现象，关键在于教师用怎样的态度去正视它。若教师能够虚心求教学生，不仅没有降低老师在学生心中的声望，还能让老师看起来平易近人，让学生与教师更贴近，反而教学效果会比较好。

2. 不重视第二语言导致语用失误

就课堂教学而言，日语教师使用的语言有两种：一种是有声语言，一种是体态语言。老师在课堂上的发言、泛读以及与学生的对话，都属于有声语言的范畴；教师的一举一动、目光手势等，属于无声语言，也叫作"第二语言"。展开来说，体态语言有：眼神的交流，也就是教师讲课时用眼神和学生进行交流的一种沟通方法；肢体语言是指授课时躯体与手的动作；表情是指教师上课的表情。体态语言就是师生之间信息交流的一种方式，能加强有声语言的训练，对于有声语言所叙述的东西进行了加强与补充，让有声语言更加富有感染力。体态语言也可以引起学生重视，使学生在课堂上更投入，让同学们更深入地了解所学内容，更牢固地记课堂内容。在实践中，体态语言是教学中不可忽视的一部分。

部分教师已认识到体态语言对教学的重要性，并且将其灵活地运用于授课之中。值得参考借鉴的方法是：（1）授课过程中，用眼神和学生进行沟通，从而了解学生对于所传授知识的掌握情况，及学生学习态度与情绪等，目光应不漏掉每一位学生，特别是让位置偏僻的学生都能感觉到老师对自己的注视；（2）要求学生在起立答题的过程中，老师慈祥和蔼地看着他，带着殷切的眼神期待着学生的答案；（3）学生在答题过程中，老师投来了欣赏的笑容，以微笑来消除学生的紧张感。回答错误时，还要给予学生鼓励的目光；（4）有些学生搞小动作，讲小话，用目光阻止，让学生自己认识到错了，这样既能够帮助学生改正，又不影响他人；（5）讲课的时候，从讲台上下来，走向学生，这可以让学生产生亲切感，还可以用手轻轻拍打学生的肩膀，摸摸学生的脑袋或者后背，以表安慰、勉励之意；（6）讲课的时候要根据授课内容来选择合适的行动。这些体态语言应用得好，可以激发学生学习热情，激发其求知兴趣，起到无声胜有声之作用。

但我们也要清醒地认识到，就体态语言使用而言，还存在许多不尽人意之处。广大教师对体态语言的重要性认识不足。教学中能准确、灵活地运用体态语言的教师只占有较小比重。多数老师偶尔使用，甚至完全不用。教师体态语言存在的主要问题是：（1）有些老师不看学生，回避同学们的视线，有时候看看天花板，有时候看看窗外，给人以清高、目中无人之感；（2）有些老师盯着个别同学看很久，让该生手足无措，让其他学生觉得被冷落；（3）当学生答非所问时，让学生感觉老师有鄙夷、淡漠的目光；（4）一些教师在授课中展开双手，支撑讲台，从头到尾姿态都没有改变；（5）有些老师一手拿教案或书本，一手不知道放哪里，不得不肢体僵直地站在台上；（6）有些教师在课堂上活动得太频繁，转移了学生注意力；（7）有些老师在告诫个别不遵守纪律的同学时，就把粉笔头扔给学生，或敲打讲桌，敲打黑板，因而破坏了教学氛围。因此在体态语言的使用上，教师必须做到自然得体，不然就适得其反了，损害老师在学生心中的形象。

（二）从教学情感的角度来分析教师语言的语用失误

日语教师语言要富有感情色彩，因为教师与学生的沟通并不只是单纯的知识沟通，也要进行内心的沟通，唯有如此，才会撩拨学生心弦，使其探究知识。亲近老师，才会相信他传授的知识。教育本来就是充满爱的工作，唯有教师内心充满了爱，才会向学生洒下爱心。教师应该以其人格与情感魅力来吸引学生，才能取得较好的教学效果。

作为古老的礼仪之邦，中国人向来将"礼"当成与人交往的准则，同时也是做人的准则。礼貌，就是人们之间的一种接触交往，互表尊敬、和蔼可亲的行为规范，就是对文明行为的起码要求。这是中国传统儒家思想观点。从礼貌原则角度来说，礼貌原则由利奇最早提出，旨在完善与补充合作原则。他模仿格赖斯对合作原则的分类，将礼貌原则划分为6种类型，每类再分两个次准则。

（1）得体准则：少发表对别人有伤害的意见。

①尽可能少伤害他人；②尽可能多地让他人受益。

（2）慷慨准则：少发布利己意见。

①尽可能少让自己受益；②试着让自己多多吃亏。

（3）赞誉准则：在表达中少贬低别人。

①尽可能少贬损他人；②尽可能多地表扬他人。

（4）谦逊准则：少赞美自己。

①尽可能少表扬自己；②试着贬低你自己。

（5）一致准则：降低你和他人之间意见的不一致性。

①最大限度地缩小双方差异；②尽量增加双方的一致性。

（6）同情准则：减少你和别人的感情对抗。

①最大限度地减少双方的厌恶情绪；②尽可能多地增进双方共情。

这六条准则启示我们，为了维护良好的人际关系，在交际中，人与人之间应该站在彼此的立场上思考得多一些，多多让利于彼此。师生关系作为一种比较特殊的人与人之间的关系，教师与学生要一起遵守这六条准则。但我国却有着为数不少的或轻或重违背礼貌原则的老师，并对学生产生了不良影响。

（1）违背得体准则。它体现在教师使用语言上，对学生损害的最大化和得益的最小化。

（2）违背慷慨准则。它体现在教师语言对学生损害的最大化和得益的最小化。

（3）违背赞誉准则。具体表现在教师的语言对学生的贬抑达到了极致；很少表扬学生。

（4）违背谦逊准则。具体表现在对教师从语言上进行最大褒奖；最低限度地贬损自己。

（5）违背一致准则。表现为教师语言使师生双方的分歧增至最大限度，从心理上拉开了师生的距离。

（6）违背同情准则。具体表现在教师语言把教师和学生间的厌恶提高到了最大程度；让教师和学生间的同情降到最低。

上述均为言语中违背礼貌原则而导致的语用失误。除此，还有一点必须引起注意，是指在行动中违背礼貌原则。有的日语教师无意中会做出伤害学生自尊心的动作。例如，以手指指人并斥责学生，横眉怒目学生，对学生指手画脚……总体来说，教师语言修养不仅关系到自己声誉，甚至关系到整个班级的风气和文明程度。恰当使用语言，可以连接教师与学生的内心交流；语言使用失当，就成了师生交流中的绊脚石。教师作为活生生的人，不可避免地存在情绪失控的时刻，但在课堂中，教师要努力控制情绪，尽心履行职责。

二、教师语言语用失误的解决策略

（一）从教师个人技能的角度分析策略

想要提高个人技能，增强自我的职业素养，教师需要进行继续培养，接受再教育。

1. 思想上加强对课堂语言重要性的认识

国内许多日语老师还没有认识到课堂教学语言在教学目标达成过程中的作用，以及对教学效果所起到的难以估量的巨大作用。此外，根据作者平常的观察和听课感受，至少半数老师无法组织好课堂语言，讲课随意性很大，没有提升个人语言的意识，靠之前的积累应付教学，出现吃老本的现象。这种情况的确令人担忧，因此，教师首先要在思想上加强理解，意识到教学语言是非常重要的，这也是落实所有其他措施的先决条件。

2. 教师注意积累，建立自己的语言库

第一，日语教师在讲课之余应该勤于阅读。尤其那些优秀的日语教师，一定是经常从古今中外文化中吸取语言精华，从文学和艺术作品如喜剧、电影、绘画等之中研究语言知识。教师不仅仅应该是专家，也要做一个博采众家之长的"杂家"。文科教师不能拒绝学习理科知识，理科教师也要提高人文素养。此外，教师在具备广博的专业知识的同时，还必须通过对教育学、心理学、语言学、演讲和口才等知识的学习，不断强化教学技能。简言之，教师知识结构应具有专业性和广博性，做到博和专完美融合。

第二，时代在进步，形形色色的时尚语言亦是不断出现。特别是网络流行语频出，如"灌水""我姓曾""我太难了"等等。大学生是接受新事物特别快的一个群体，特别对于流行语言，能迅速接受和使用。日语老师想要走进学生内心，就必须与时俱进跟上时代步伐，掌握当前时尚语言。

第三，当我们看到了有益的知识、材料，要记入笔记本或卡片中，以达到记忆、查阅的目的。即日语教师应该构建自己的语言库，有其永不枯竭的语言资源。

只有平时累积很多材料，知识底蕴深厚，以大量文化知识为支撑，才会具备驾驭语言的本领，才能够厚积薄发，需要时可以信手拈来；才能恰到好处地根据教学内容和情境的需要，穿插富有哲理的典故、格言，激发学生兴趣；才能做到在授课过程旁征博引，使课堂精彩纷呈，充满知识性和趣味性，并因此获得好的课堂效果，让学生可以醉心于老师的教学，受到知识熏陶。另外，教师自身不知疲倦地阅读也会给学生带来陶冶与感染。

3. 教师进行自我反思，善于在教学中总结

教学反思过程中，教师可通过反思发现教学中的问题，然后分析问题成因，找到解决问题的办法。好的教师＝教学过程＋反思，可见想当好老师，一定要注意及时反思授课内容，要有反思意识。具体而言，日语教师可在如下几方面有所作为。

第一，教师在课下及时反思教学过程，记录影响课堂的事情，根据不同学生在课上表现出来的反应和态度，把经验写成教案，督促教学过程的持续优化和教学的完善，从而提升教学水平。

第二，常和学生沟通交流，征求他们关于改进教学的意见。教育家孔子在数千年前就曾说过"三人行，必有我师""不耻下问"，作为一名新时期的教育工作者，教师更是要把所谓的师道尊严放下，和同学们诚恳地沟通，从他们当中取得新鲜的教学材料，以达到自我更新和完善的目的。

第三，教师可以利用录音设备记录课堂的教学情况，课下多次回放，寻找自己语言上存在的问题和缺陷。

第四，有时候，人很难发现自身的缺点，如古人所说的"不识庐山真面目，

只缘身在此山中"。因此，还可以寻求同事的帮助，让他们帮自己点明不足，与同事们合作学习、合作研究、增进沟通。

第五，还应该多听听其他老师特别是优秀教师们讲课，更要比较反思。教师越优秀，其课堂语言越是值得我们借鉴，记录他人授课中的优点，融入自己的课堂，发现自己缺点是什么，找到后，果断地纠正它。一句话，博采众长，为我所用。

4. 精心锤炼课堂语言

苏霍姆林斯基说："你时刻也不能忘记，你施加影响的主要手段是语言，你是通过语言去打动学生的理智与心灵的。然而，语言可以是强有力的、锐利的、火热的，也可以是软弱无力的。"① 有一部分教师没有做到精心备课，忽略了课堂语言这一重要方面，造成讲课时语言逻辑混乱，或者词不达意，对内容丢三落四的课堂表现，使学生听不下去，教学效果很不理想。相反，如果是精心设计的语言，便可以起到听者如沐春风的效果，使人精神振奋。

因此，日语教师的备课既要准备授课内容又要准备语言。教师，特别是刚刚加入职场的年轻教师，最好将课堂中使用过的话都写成备课本，再反复推敲，我们应该让教学语言消除走题的现象，避免隐晦、模糊和颤抖、似是而非的现象等等，力求使用最精准、简洁的语言，使学生拨开云雾见青天，让学生在快乐的状态下获得知识。

5. 教师加强培训，积极参加职业培训

职业培训是教师成长过程中必不可少的，日语教师要坚持终身教育，积极参与各类培训，努力开发自我。唯有如此才能够顺应当下时代的发展趋势，成为一名合格的、深受广大学生喜爱的老师。

（二）从教学情感角度分析的策略

1. 教师在教学中倾注真情

教育工作，不是教师毫无感情地把知识装进学生的脑袋，在很大程度上，它是一种心灵之间的碰撞和交流。教师的爱心是架起师生间信任的桥梁，是教师必须具备的一种道德情感。唯有爱和宽容，才能赢得学生的信赖和尊重，使学生乐于接受教师传授的知识。只有对所教对象倾注满腔热情，教学语言才能具有生命

---

① 倪三好. 优秀教师的语言艺术 [M]. 芜湖：安徽师范大学出版社，2013：191.

力,才能打动学生的心,产生良好的教学效果。

实际上,在学习中,学生犯错误是偶然中的必然,更多的学生是在一次次犯错误中找到前进方向的。教师在平时的教学中要怀着一颗宽容之心,对犯错误的学生,指出缺点,促其改正,在批评他们时,控制自己的情绪,就事论事,不能因自己一时的情绪而使用偏激和激烈的语言,造成无法弥补的遗憾。好孩子是夸出来的,日语教师在平时不能吝惜自己赞赏的语言,及时发现学生的进步,对学生哪怕一点点的进步也要加以肯定,让学生在快乐、积极的心态下学习,让课堂成为学生的开心乐园。

2. 调节好自己的心理状态,让自己保持一个健康的心理

根据此原则,首先日语教师在课堂上应保持良好的心理状态和愉悦的情感,使自己的语言富有感染力和亲切感。要播撒阳光到别人心中,自己心中首先要有阳光。教师要做到心理健康,一要有心理容量,能克服偏见,容忍学生的无知,宽容学生的过错,忍让学生的"挑衅";二要保持稳定的情绪,要将思考的快乐和收获的喜悦送给学生;三要永远保持乐观的心境和振奋的精神状态。

(三)从教育管理部门角度分析的策略

从教育管理部门来说,各级管理部门应切实发挥应有的作用,负起应有的责任。

1. 组织教师职业培训

组织各种类型的职业培训,将远程教育培训、教学观摩培训、短期培训、长期培训等形式的培训有效地结合在一起。加强教师职业理想、职业道德的培训,培养教师教书育人的责任感和使命感,使教师做到爱岗敬业,以学生为本。通过培训,令教师树立新的教育思想和教育理念,探索新的课堂教学模式,探索教师语言优化的方法。同时,制订严格的科学的考试制度和考核标准。

以前的培训,往往采取集中学习、讲座、报告等统一形式,缺乏必要的实际操作和训练,犯了重形式轻实效、重结果轻过程的错误,导致教师在培训期间,未达到培训的基本要求,使得培训最终流于形式。为此,应加强对日语教师培训的监督和检查,使培训与教师教学实际相结合,将工作落到实处。

2. 开展竞赛评比活动

定期组织教师进行说课、讲课交流会。每个人都有被肯定的渴望。经过一段时间的学习、锤炼之后，教师们会希望有一个展示自己的舞台。此时，各级教育管理部门就应该为其搭建好这一舞台。比如，可以举办优质示范课大赛，教师技能大赛等活动，让教师充分展示自己。而且，在参加活动的过程中，教师也能在语言上进一步提升自己。

第六章　高校日语教学跨文化交际意识及能力培养

本章主要对高校日语教学跨文化交际意识及能力培养进行了介绍，共分为两节，分别为高校日语教学与跨文化交际意识的培养、高校日语教学与跨文化交际能力的培养。

第一节　高校日语教学与跨文化交际意识的培养

一、以文化教学为依托，培养学生的跨文化意识

（一）文化差异直接影响跨文化交际

跨文化交际已经成为世界上各民族生活中所面临的多科性和交叉性的新学科。虽然大家都在努力学习对象国的语言，但是在实际交流中仍然出现诸多不尽如人意之处。众所周知，语言是文化的重要载体，是文化的主要表现形式之一。但是，如果只懂得对象国的语言，不了解该国家的文化，即使掌握再多的语法和词汇，也未必能够顺利地交流。因为各民族间的文化差异使跨文化交际面临诸多障碍。克服这种障碍是外语教学所面临的重要问题。同一种意思，由于表达方式不同，所显示出的效果也相差悬殊。这种语言表达上的差异来源于民族间的文化的不同。要避免这种现象的发生，就需要在教授外语的同时融入文化内容，把语言教学和文化教学有机地结合起来，让学生学到综合了文化的立体性知识。

（二）文学作品中的文化教育是优化日语教学的关键

日语教学不只是教授一门语言，在教学中必然会涉及两种不同文化之间的碰撞与融合。在日语教学中我们强调文化教育，旨在培养学生的跨文化意识，提高

学生的跨文化交际能力。

语言和文化紧密地交织在一起，语言是整个文化的产物或结果，又是形成并沟通文化的中介。由此可见，在日语教学中，一定要融入文化教育，才会是完整的教学过程。我们要培养学生的跨文化意识，目的在于提高他们的跨文化交际的能力。这里所说的"跨文化交际"是指本族语者与非本族语者之间的交际，也指任何在语言和文化背景方面有差异的人们之间的交际。

语言与文化密不可分。如果不熟悉所学语言国家的社会、文化、传统、风俗等，就不能正确理解和真正掌握这种语言。在日语教学中如果只偏重结构和语法，课堂上的大部分时间都用在讲解词汇和句法上，不考虑词汇的内涵和社会文化等因素，将导致学生虽然语言基础知识不错，却不具备真正的社交能力，在实际的交往中出现问题或是无法互通信息。通常来讲，语言有一个环境。它不能脱离文化而存在，不能脱离社会继承下来的传统和信念。语言不能脱离文化而存在，人生活在社会文化环境中，人的一切行为不可避免地要受到社会文化模式的制约，语言交际行为也不例外。对所学语言国家的文化了解得越深刻、越细致就越能正确理解和准确使用这种语言。

二、在听力理解中培养跨文化交际意识

（一）巩固基础知识，培养跨文化交际自信心

扎实的日语基础知识，是提高听力理解效果的基础。首先，学习者需要掌握标准的日语语音语调，在入门阶段，跟读训练是有效的训练方法，对语音、语调、语速、节奏感等方面都会有很大的帮助。其次，词汇量缺乏必然会影响听力理解，所以在不断积累的过程中，需要注意词汇的变化形式以及在不同语境中的具体活用，乃至词汇的文化背景知识，对日语独特的语言特征的理解与掌握，也起着关键作用。

另外，影响跨文化交际的因素主要是交际心理障碍，恐惧错误、自卑、文化偏见等都会干扰交际效果。因此，在日语听力教学中，首先要使学习者树立健康的文化观，培养其对日语的兴趣，使其正确看待中日两国的差异、避免排他性。正确对待母语文化负迁移现象，使学习者能够认识到这种负迁移现象是外语学习

中必然会产生的现象，这种现象随着学习的深入会逐步减少。

（二）通过对比培养跨文化交际意识

比较法也是听力训练中比较重要的方法之一。在对听力资料训练前，通过课前关键词比较中日文化差异。比如，听力材料的主题为"运动"时，可以通过关键词"人气运动、日本第一、甲子园"等，深入探讨日本具有代表性的体育运动以及俱乐部制度在日本基础教育中的普及，运动员奋斗信念中的体育精神对日本人行为模式产生的影响。另一方面，中国经过 2008 年北京奥运会出现了全民健身的热潮，反映出中国人对于运动发生的观念变化。

三、改善教师的文化教学意识

日语教师文化知识的缺失会不同程度地影响学生的学习质量和学生的成长。作为教学的关键，教师责任重大，大学时期是一个人一生中最美好和最关键的阶段，教师对学生以后的学习和成长发展能产生巨大的影响乃至会影响学生的一生。改变日语教学现状是一项长期而艰巨的任务。培养学习者的跨文化交际能力，应从基础教育开始，从进行教学改革和培养中学教师的跨文化交际能力着手。由于历史的原因，部分日语教师的双文化修养有待提高。开展跨文化教育是要"促进对文化多样性的尊重、相互理解和丰富"[1]，目前在岗的日语教师的日语大多从本国教师那里习得，缺乏对日本文化接触的背景。教师多把日语当作一门知识去传授，很少考虑语言的文化内涵和实际应用。因此，日语教师的跨文化意识现状仍较欠缺，在某些方面的问题还较为突出，部分教师的双文化修养还有待提高。

四、改进现有的教学方法

一直以来，日语教学的侧重点都放在了语言基础知识的传授上，而忽略了跨文化交际意识和能力的培养。为了改变这种状况，必须改进教学方法，在质和量两个方面对课堂教学中的文化教学加以控制，并充分利用现代化的教学手段来调动学生的学习积极性。此外，还可举办一些专题讲座，以满足学生的求知欲望，培养具有较高跨文化交际能力的人才。

---

[1] 陈彩燕. 知识就是快乐 教师专业成长的课程与故事[M]. 广州：广东高等教育出版社，2017.

第二节　高校日语教学与跨文化交际能力的培养

一、跨文化交际是顺应日语教学的必然选择

语言与文化是相携共生的，日语教学同样如此。随着中日经贸关系的不断深入，对日语人才需求更加紧迫，而精通日语又同时知晓日本文化的综合性人才却相对缺乏。跨文化交际是日语教学必须面对的首要问题，也是贯穿跨文化思想认知和交际习惯的主要障碍，无论是日常生活还是商务活动，日语教学要依托日本特定的文化背景，从思维习惯及文化习俗中融入文化的特殊性，既有助于提升学生对日本文化的理解，又能够促进日语教学实践中的文化渗透，更是顺应时代发展的必然选择。

二、跨文化视野下日语教学与能力培养策略

（一）跨文化交际视野中的日语教学

跨文化交际能力的培养不仅有助于预见和解决现实生活交际中出现的诸多问题，增强我们对日本文化的了解，同时也可以拓宽语言研究的社会面，将语言研究和跨文化研究有机结合起来，这在理论上和日语教学实践上都有积极的实际意义。对这门学科的深入研究，不仅提供了探讨语言交际的新理论依据和实践角度，而且使日语教学的内容得以充实和丰富。

跨文化交际与日语教学密不可分，这是因为日语教学不仅是传授语言知识，更重要的是培养学生的交际能力，尤其是灵活有效地运用日语进行跨文化交际的能力。因此，从这个意义出发，将日语教学者看作跨文化教育的一环更加恰当。随着现代化社会的发展，社会对大学毕业生的日语实际运用能力提出了更高的要求。但是我们的日语教育却明显滞后，原因在于应试教育带来的负面影响，以及传统的日语教育观深深束缚着教师的手脚。

传统日语教学往往只重视信息的接收，却忽略信息的发出，这导致虽然学生的综合语言能力较强，但是跨文化理解能力差，缺乏社会文化交际技能。在实际

交际中，语言失误可以得到对方的谅解，而语用失误、文化的误解则会造成摩擦，甚至导致交际失败。

（二）跨文化交际日语教学策略

日语教学的根本目的就是与不同文化背景的人进行交流，实现有效的跨文化交际。全面提高日语教学的水平，大幅度增强学生的外语实际应用能力，这是跨世纪的中国高等教育的一项紧迫任务。为了实现这个目标，我们要真正认识到外语是跨文化教育的关键一环，把语言看作与社会、文化密不可分的一个整体，并在教学大纲、教材设置、课堂教学、语言测试中全面反映出来。

人类的交际不但是一种语言现象，也是一种跨文化现象。日语教学的目的是交流，而在中国目前的教学体系中，大学日语教学的侧重点都放在了语言知识的传授上，忽略了跨文化交际能力的培养。因此，教师要转变自己的观念，切实认识到文化冲突的危害性和培养学生跨文化交际能力的重要性，同时还要采用相应的策略和教学方法。

1. 转变观念

在中国，日语教学大多只在课堂上进行，教师起着绝对的主导作用。因此，授课教师要转变观念，通过加强学习、不断进行知识更新，提高自身的综合文化素质，切实全面地把握日语文化知识教育的量与度以及教学的具体步骤和方法，加强师生互动，改善课堂氛围，注意课下引导与点拨，全面提高日语教学水平，以达到预期的教学目的。

2. 改进传统的教学方式

大学日语教学往往都把侧重点放在语言知识的传授上，而忽略了跨文化交际能力的培养。为了改变这种局面，我们应该改进单一呆板的教学方法，从质和量两个方面对课堂教学中的文化教学加以控制，并利用如电影、互联网等先进的现代化教学手段来充分调动学生的学习积极主动性，同时还可以举办一些专题讲座，以满足学生的求知欲望，为培养出具有较高跨文化交际能力的人才搭建平台。

3. 对跨文化人才的引入与输出

跨文化交际对日语教师教学提出了更高要求，而教师在日常教学中，一方面需要从知识的积累和文化的认知中来提升教学的文化情境，还要从教师的知识结构优化上，积极参与到日本商务活动中。作为课堂教学的组织者，其文化素养水平决定了日语教学的文化渗透能力。因此，从师资培训与师资引进上，校内教师要学着"走出去"，校外精英要"请进来"，以此来拓宽校内外日语教学实践渠道，增进学生对文化的认知与体会。另外，开展日本文化知识讲座，邀请日本文化人士交流共建，特别是对日本礼仪文化、日本企业文化、日本生活实践等文化的讲解，以激发学生对日本文化的学习热情，拉近学生对日本文化的距离，促进日语国际交流。

4. 注重日语理论教学与日本文化意识的融合

意识是行动的指南。在日语教学中强化日本文化意识渗透，首先从课程知识构建中，凸显日本文化的教学实践，在课堂教学目标和培养学生能力上，要从日语贸易实务、日语函电、日语文章选读等方面增进文化意识的教学，特别是引导学生认识日本文化、探析中日文化的差异性。在日语课程设置中，强化日本礼仪、日本企业文化、日语交际文化知识的学习，从理论和实践上拓宽学生的视野、增强其对日本跨文化交际能力的培养。其次，改进日语教学方法，从教学实效性上注重教师教学内容的构建，以最大化地激发学生的学习潜能，挖掘学生对日本文化、日语素养的提升途径。

5. 重视师资培训，加强教师的跨文化训练

培养具有跨文化交际能力的日语教师并非一件简单的事情，不可能通过一两次短期的研修培训就能达到，它是一个复杂、长期的过程。对于其培训可以从跨文化交际教学、文化知识以及跨文化交际能力等模块进行。

（1）跨文化交际教学经验培训

院系要重视日语教师跨文化交际教学培训，加强师资队伍建设，提高教学团队整体水平。培训的方式必须多样化。首先，最有效的培训方式是"本土化"教学培训，可以通过参加团队协同活动，包括读书会、集体备课、教师间互相参阅教案、教情和学情研讨等，共同研究探讨教学工作中出现的各类问题。教师要互相听课评课，通过举办观摩课活动、模拟教学、课件展示活动和课堂录像等方式，引导教师注重教学环节、教学基本功的训练、注重教学方法、教学艺术的培养，让互相听课的教师一起分享讨论、反思自己的跨文化教学经历和体会，在这一过程中教师自身也要经常有意识地记录自己的跨文化交际教学体会，为以后在课堂

上的实践应用教学提供素材。

（2）文化知识培训

这方面的培训可以帮助教师补充跨文化知识，理解并掌握跨文化交际能力，认识汉语文化与日语文化之间的差异以及日语作为跨文化交际中介语的作用。日语教师在日常生活与工作中，会无意识地使用跨文化交际的框架进行日语交流。在教学过程中，如何使教师有意识地使用文化框架进行跨文化交际教学，这是在培训过程中需要重点解决的问题之一。

高校日语教师师资队伍整体年轻、思维活跃，掌握的日语语言知识丰富，对于不同民族文化的差异也有大致了解，因此，此项内容的培训不应作为主要任务。但他们大都缺乏对于跨文化交际的真实体验，跨文化的敏感性与交际能力相对比较薄弱，此项内容应该作为重点培训。

（3）教师跨文化能力的培训

教师跨文化能力的培训比文化知识、文化意识以及文化教学的培训更加复杂，实践性更强。跨文化交际能力的培训可以从跨文化模拟练习、真实的文化交流摩擦、模拟实训环境开始进行，引起教师强烈的感性认识，找到如何克服文化冲突中的困难和方法。这一培训可以使教师对跨文化交际存在的文化冲撞有比较强烈的认识，让教师自己对于如何克服跨文化交际实践中遇到的困难有更深入的体验。开始阶段可以通过跨文化学术或教学讲座、阅读相关跨文化冲突实例，如通过经典案例的研究与讨论，同行介绍经验等，让教师了解不同交际风格可能产生的交际冲突和误解，观看中日商务人员交往的具体案例，了解跨文化冲突产生的过程，从理性上调整吸取更好的经验，防范交际误区。

三、跨文化交际能力培养的原则

学生学习日语的目的是获得交际能力，而交际能力的提高依赖于语言知识和各种非语言知识的逐步积累。日语教学中，在强调语言知识讲练的同时，应向学生传授与语言知识有关的各种其他知识，包括语境知识、语用知识、文化知识，并特别注意培养学生的跨文化意识。日语教学中，培养跨文化交际能力需把握以下原则。

（一）实用性原则

实用性原则是指文化导入要注重与日常交际的主要方面紧密联系，对于那些干扰交流的文化因素，应该详细讲解，反复操练，做到学以致用。日语教学阶段的文化导入必须遵循实用、分阶段和适度的原则。实用性原则与语言内容密切相关，与日常交流所涉及的主要方面密切相关。

在日语教学中，与学生所学知识相关的文化会更吸引学生。文化教学结合语言交流实践，有利于学生对所学知识的掌握，使学生不至于认为语言和文化的关系过于抽象、空洞和捉摸不定，还可以激发学生学习语言和文化的兴趣。让文化教学与语言教学紧密结合，激发学生学习语言知识和文化知识的兴趣，也使学生了解语言和文化的密切关系。

（二）关系原则

日语教学中，培养跨文化交际能力需要把握好事物间的关系。

1. 普通原则与特殊原则的关系

培养学生的跨文化交际能力不仅要遵循日语教学的普遍原则，还应当始终贯彻一些特殊的原则。特殊原则与外语教学的普通原则相辅相成，互为促进。所谓的特殊原则可综合为以下几点。

（1）语法原则，把语法知识的讲练放在一定的地位，并突出不同于学生母语语法的难点。

（2）交际原则，把语言结构与语境和功能结合起来，使学生了解语言结构和语言功能表达的多样性，并得体地运用语言进行交际。

（3）文化原则，采用对比分析方式使学生了解不同民族语言的文化差异，学会不同文化交际模式，增强其语言交际的跨文化意识。

2. 语言能力和交际能力的关系

只有了解并掌握不同文化背景，人们才能够在各种交际活动中识别目标语文化所特有的言语和非言语行为，并且能够理解和解释其社会功能，从而在交际中有意识地注意语言的使用环境和场合，自觉地遵守目标语的使用规则，达到有效交际的目的。由此可见，掌握一定的语言知识并不意味着能讲合乎规范的得体的语言。语言能力的提高是交际能力培养的基础，交际能力的具备是语言学习的最终目标和任务。在日语教学中，教师既要注意给学生打下扎实的语言知识基础，使学生掌握正确的语言形式，又要重视学生交际能力的培养，做到两者兼顾，并行不悖，使学生成为既是语言知识的掌握者又是语言知识的运用者，能够恰当、得体地运用日语进行交际。

四、学生跨文化交际能力培养的策略

（一）深入了解日本文化

尽管中日两国同是东亚国家，互相毗邻，一衣带水，有着深厚的历史文化渊源，但是由于地理环境、社会状况、宗教信仰、风俗习惯等因素的制约，两国文化还存在着极大的差别。因而学生可以通过学习跨文化交际的知识，提高自身跨文化交际能力，进行跨文化交际和比较，全面深刻地了解日本文化，而对日本文化的深入了解，还可以反过来促进跨文化交际能力的提高，二者相互作用，相互影响。

（二）建立敏锐的跨文化意识

学生对跨文化交际的学习过程本身就是一种跨文化的活动。敏锐的跨文化意识和广阔的视野是一个优秀的跨文化交际学习者应具备的素质。一个人的观念和行为往往是特定文化的产物，因此学生需要了解不同文化的特点，特别是日本文化的特点，以及这些特点是如何影响人们的交际和日常行为、教育和学习方式的。具有敏锐的跨文化意识的学生才能正确理解文化差异，有效而得体地与不同文化背景的人进行沟通和交流，从容地应对跨文化交际中的误解和冲突。

我们一再强调学生跨文化意识的重要性，但是，学生跨文化意识的养成是在教师能够具有跨文化意识的前提之下，因此，增强教师文化意识，增加教师的文化体验，提升教师的文化涵养是培养学生跨文化交际能力的基础与前提。大学生日语人才的培养模式随着市场的需求发生了重大变化，对于高校日语教学改革来说，必然要对教师在专业素质与文化素质方面提出更高要求。

首先，日语人才培养模式的转变不仅仅体现在高校具体的实施策略上，还体现在高校教育思想的改变中。对于日语教学来说，教师观念的改变才是日语跨文化教学的根本。很显然，传统教学思想已经不能适应新时期日语教学的情况，因此转变教师和学生的观念至关重要。加强教师培训，增强其文化教学的意识，使其掌握文化教学的原则和方法，培养其反思教学和课堂教学研究的能力是重要途径。

其次，高校应该提出更具体的策略实现教师的经验积累，最理想的方式就是校企合作。日语人才培养的要求更加强调应用性，这就要求教师不仅应具备良好的外语语言功底，具备较为扎实的外语教学理论，还应该具有更多的实践经验和日本文化知识。任何语言的教授与学习都需要一定的语言环境，教师深入日企一线，不仅能增加高校与企业的交流经验，而且能训练自己的日语口语，从而更好地为学生服务。另外，校企合作还能扩大高校日语教师队伍，高校可以聘请国内外知名企业专家参与专业人才培养方案的制订，聘请企业、行业专家承担专业课和实践教学任务。

最后，高校在教师的专业素养得到一定的提升之后要关注教师的日本文化素养，具体的方法如下：定期派送专业教师赴日进修以提升语言、文化素养，这是最好的提升教师日本文化素养的方式，但是鉴于国内高校的实际情况，这种方式存在一定的局限性；高校要摆脱传统日语教学的条条框框，积极引导和鼓励教师从事跨文化领域的教学改革研究和科研工作等。在高校的全力配合与教师的不懈努力之下，相信未来的日语教学一定会焕发更加夺目的光彩。

（三）提高文化适应的能力

如何适应新的文化环境是每一个到海外留学的学生都要面临的现实问题。具体从语言层面来看，日本留学生汉语口头表达能力相对较差，使用汉语进行交往的机会有限；从生活层面来看，日本留学生对于空气质量、公共卫生环境以及服务态度难以适应；从心理层面来看，日本留学生容易出现思乡、缺乏安全感、学习压力较大等问题；从文化层面来看，日本留学生对我国的传统艺术和历史缺乏兴趣，了解不足。当然，到新的文化中生活和工作，人们常常会经历"文化休克"。了解跨文化适应的过程和特点，特别是"文化休克"的表现、原因和对策，可以帮助学生提高文化适应能力，做好应对困难的心理准备，愉快而有效地完成学习任务。

（四）具备开放、宽容、尊重的文化态度

学习跨文化交际的目标之一是建立一种对待不同文化的积极态度。每一个进行跨文化交际的人都代表着中国人的形象，其自身的表现会影响外国人对中国文化的印象和看法。在中国经济日益发展、国际影响力日益增强的今天，学生应该警惕出现狭隘的民族主义情绪，摒弃民族中心主义的态度，以开放、宽容、尊重的态度看待中国文化和日本文化之间的差异。只有具有这种积极的态度，才会赢得他人的尊重和信任，与日本文化背景的人们建立更加真诚、和谐的关系。每一种文化都有其优势，对于日本文化的优秀部分，我们必须要以虚心的态度、包容的态度面对它。

（五）掌握提高跨文化交际能力的方法和策略

学生进行日语学习的主要目标之一是培养自身的跨文化交际能力。因为语言和文化有密切的关系，日语学习离不开文化学习。人们常说这样一句话：不懂文化的语言学习者只是个流利的傻瓜。跨文化交际的知识为日语学生提供了语言学习和文化学习的学习内容。在语言学习的同时进行文化学习并进行跨文化的比较，不仅可以增加学生学习日语的兴趣，而且有利于提高他们的跨文化交际能力。另外，训练跨文化交际能力的体验型学习方法也为日语学习方法提供了启发和借鉴。

参考文献

[1] 陈红. 日本语和日本人 [M]. 济南：山东大学出版社, 2004.

[2] 陈俱生. 现代汉语辞海 [M]. 太原：山西教育出版社, 2002.

[3] 何自然. 语用学十二讲 [M]. 上海：华东师范大学出版社, 2010.

[4] 金民卿. 文化全球化与中国大众文化 [M]. 北京：人民出版社, 2004.

[5] 李晓东. 全球化与文化整合 [M]. 长沙：湖南人民出版社, 2003.

[6] 李卓. 家族文化与传统文化——中日比较研究 [M]. 天津：天津人民出版社, 2000.

[7] 王福祥, 吴汉樱. 语言学历史理论方法 [M]. 北京：外语教学与研究出版社, 2008.

[8] 徐锦芬. 大学外语自主学习理论与实践 [M]. 北京：中国社会科学出版社, 2007.

[9] 俞东明. 什么是语用学 [M]. 上海：上海外语教育出版社, 2011.

[10] 赵元任. 语言问题 [M]. 北京：商务印书馆, 2003.

[11] 刘丹. 跨文化交际背景下高校日语教学中本土文化的失语现象及对策研究 [J]. 山西经济管理干部学院学报, 2022, 30（03）：73-76, 81.

[12] 魏海燕. "互联网+"背景下高校日语教学中跨文化交际能力的培养 [J]. 办公自动化, 2022, 27（10）：25-27.

[13] 符方霞. 跨文化交际能力的高校日语教学实践 [J]. 集成电路应用, 2021, 38（06）：174-175.

[14] 赵挥. 文化差异视域下高校日语教学中学生跨文化交际能力培养探究 [J]. 佳木斯职业学院学报, 2021, 37（03）：120-121.

[15] 韩晶子. 跨文化视域下的高校日语教学策略探讨 [J]. 国际公关, 2020（10）：42-43.

[16] 李叶萌. 高校日语教学中跨文化交际能力的培养路径 [J]. 现代交际, 2020（10）：180-181.

[17] 刘樱. 跨文化交际视域下高校日语教学中的文化导入策略 [J]. 文化学刊, 2020（05）：217-219.

[18] 范文娟. 高校日语教学中跨文化交际能力的培养策略 [J]. 中国多媒体与网络教学学报（上旬刊）, 2020（06）：116-118.

[19] 方嫄. 高校日语教学中跨文化交际能力培养策略 [J]. 北京印刷学院学报, 2019, 27（12）：97-99.

[20] 王中盼. 高校日语教学中跨文化交际能力培养对策探析 [J]. 才智, 2018(10)：33-34.

[21] 狄燕. 中国日语学习者使役态的习得研究 [D]. 北京：北京外国语大学, 2022.

[22] 张铭. 用于日语教学的和语词理据分析 [D]. 北京：北京外国语大学, 2018.

[23] 袁佳伟. 情境教学法在高校日语精读教学中的应用研究 [D]. 长春：长春师范大学, 2017.

[24] 杨雅琳. 日语教师身份认同建构的叙事研究 [D]. 北京：北京外国语大学, 2016.

[25] 杨红丽. 日语教学中的文化导入研究 [D]. 济南：山东师范大学, 2015.

[26] 田群群. 中国日语教学语法研究 [D]. 大连：大连海事大学, 2015.

[27] 史丽杰. 从日语教学的角度谈母语迁移现象 [D]. 济南：山东师范大学, 2014.

[28] 张杰. 任务型教学法在日语专业语法教学中的实验研究 [D]. 哈尔滨：哈尔滨理工大学, 2014.

[29] 伏泉. 新中国日语高等教育历史研究 [D]. 上海：上海外国语大学, 2013.

[30] 李丹. 日语委婉语的认知理论研究 [D]. 太原：山西大学, 2011.